{ SPRINGS OF WISDOM }

영혼을 깨우는 지혜의 샘물

정원 지음

영성의 숲

머리말

오늘날 그리스도인들은 살아가면서 많은 책을 읽고 많은 가르침을 받으며 많은 설교를 듣지만 사실 기억 속에 남아있는 것은 그리 많지 않습니다.

그렇게 많은 것을 접하여도 우리의 뇌리에 남아있는 것들은 짧은 문장과 몇 개의 단어뿐입니다.

그것은 단순한 진리가 좀 더 이해가 쉬우며 본질적인 진리에 가깝기 때문입니다.

주님은 항상 단순하고 짧은 문장으로 말씀하고 가르치는 것을 좋아하셨습니다. '나는 길이다. 진리다. 생명이다. 나는 양의 문이다..'

주님의 말씀은 복잡하지 않았습니다. 그러나 그 단순한 말씀은 그 어떤 복잡하고 놀라운 지식보다 사람의 영혼에게 충격을 주었고 새롭게 하였습니다.

그러므로 우리는 단순하고 간결한 지혜와 묵상을 마음속에 담아두어야 할 필요가 있습니다. 그것은 우리의 영혼을 깨우고 새롭게 하는 좋은 자극이 될 것입니다.

우리의 지난 삶을 돌이켜보았을 때 우리가 좀 더 지혜로 웠고 좀 더 통찰력이 있었더라면 우리는 많은 고통을 겪지 않았어도 되었을 것입니다. 좀 더 많은 시간들을 헛되이 낭비하지 않고 사람들을 아프게 하지 않았을 것입니다.

가지고 있고 알고 있는 많은 복잡하고 피상적인 지식보다 상황에 맞는 단순한 지혜를 우리가 가지고 있었다면 그것은 우리에게 큰 힘이 되었을 것입니다.

그러므로 단순하고 간단한 진리의 묵상들을 당신의 영혼에 채우십시오. 하나님의 말씀을 묵상하며 그 단순함과 능력이 당신의 영혼 안에 가득하게 하십시오. 단순명료한 몇 가지의 메시지가 당신의 안에 언제나 남아있게 하십시오.

어려운 상황에서 문득 당신의 안에서 깨달음이 일어난다면, 지혜로운 한 마디가 떠오른다면.. 당신은 곧 그 상황을 극복할 수 있게 될 것입니다. 그 단순한 진리로 인하여 당신의 삶도 복잡함에서 벗어나 단순하고 맑고 자유롭게 될 것입니다.

마음, 진리, 인생, 영성 등 중요한 주제에 대한 짧은 묵상을 이 책에 기록하였습니다.

여러 가지의 주제를 다루었지만 그 중심의 주제는 영혼의 각성과 성장을 위한 것입니다.

이 짧은 묵상의 글들이 당신의 영적 여정에 도움이 되시기를 기대합니다.

부디 주님을 사모하며 단순하고 깊은 묵상으로 당신의 영혼을 채우십시오.

짧은 지혜들이 당신의 안에 가득 채워질 때 당신의 삶은 좀 더 지혜롭고 행복하게 될 것이며 영적 성숙으로 이르는 여정에 좀 더 가까이 이르게 될 것입니다. 할렐루야.

* 2판에 부쳐..

이 책은 [영적 성숙으로 향하는 여행]이라는 제목으로 이미 출간되었던 책입니다.

이번에 [영성의 숲]에서 제목과 판형과 편집을 새롭게 바꾸어서 출간하게 되었습니다.

이 짧고 단순한 묵상이 독자 여러분의 영적 성장의 여정에 좋은 친구가 되시기를 바랍니다. 샬롬.

정원드림.

2005. 9.

제 3판 서문

이번에 새롭게 찍으면서 사이즈를 한 손에 쏘옥 들어오는 핸디북 사이즈로 출간하게 되었습니다.
작고 가벼워서 휴대가 간편하므로 어디서나 부담없이 들고 다니며 묵상하기에 좋을 것입니다.
이 작은 책이 독자님들의 영적 성장에 좋은 동반자가 되기를 기대합니다.
할렐루야.

       2008. 12. 정원 드림.

목 차

1장 믿음 · 8

믿음은 하나님을 신뢰하고 사랑하는 것이며
범사에 그 분을 바라보고 걸어가는 것입니다.

2장 인생 · 18

인생은 하나님을 알아가며
진리를 알아 가는 과정입니다.
여행이 길어질수록 육체는 쇠잔해지나
우리의 속사람은 날로 새로워집니다.

3장 진리 · 42

우리가 삶에서 겪는 많은 실패와 고난과 좌절은
진리를 깨닫고 알아야 할 것을 배우며
영혼의 눈이 뜨여지게 하기 위해서 오는 것입니다.

4장 마음 · 82

사람의 마음을 좀 더 잘 알고 느끼며 이해할 수 있을 때 우리는 삶을 더 누릴 수 있습니다.
세상의 많은 재앙들은 사람들의 마음을 읽지 못하기 때문에 오는 것입니다.

5장 성숙 · 94

성숙은 교실에서 이루어지는 것이 아닙니다.
그것은 다양한 삶의 경험을 통하여 좌절과 눈물의 대가를
지불하면서 이루어지는 것입니다.
성숙해질수록 우리의 의식은 변화되고 우리는 새롭고 풍
성한 삶을 살 수 있게 됩니다.

6장 사랑 · 117

누구나 사랑하기를 원하며 자신이 사랑한다고 생각하지만
성장의 수준에 따라 사랑의 차원도 달라집니다.

7장 삶 · 125

믿음도, 사랑도, 은혜도, 아름다움도
모든 것은 삶에서 나타납니다.
그러므로 믿음이 풍성하면 삶도 풍성해집니다.

8장 영성 · 146

우리의 삶에서 가장 중요한 것은
영혼의 성숙과 발전입니다.
우리가 겪는 많은 시련도
이 영성의 발전을 위한 것입니다.
사랑도, 사역도 이 기초 위에서 가능합니다.

1장 믿음

믿음은 하나님을 신뢰하고 사랑하는 것이며
범사에 그 분을 바라보고 걸어가는 것입니다.

1. 우연

성경에는 우연이 없다고 말씀하시는데
왜 당신은 모든 것이 우연이라고 생각하십니까?

2. 하나님의 도구

형제를 통해서 하나님께서 말씀하시는데
당신은 배후에 계시는 하나님을 보지 않고
눈앞에 있는 형제만을 보고 있는 것은 아닌지요.

3. 염려

염려는 당신과 하나님과의 거리를 보여줍니다.
하나님과 멀리 떨어져 있으면
온갖 근심이 다가옵니다.
모든 사람이 문제를 가지고 있으나
주님의 품에 안겨있는 사람은
문제를 잊어버립니다.

4. 지키심

때때로 우리는 살기가 싫어집니다.
바로 그 때에 주님은 우리와 함께 계십니다.
우리가 괴로워할 때
그분은 우리 옆에 계십니다.
우리가 눈물 흘릴 때
그분은 그 눈물을 보십니다.
밤새 고뇌하다 지쳐서 잠들었을 때
그분은 새벽이 오기까지
우리 옆에서 우리를 지키고 계십니다.

5. 참새

걱정하는 참새를 본 적이 있습니까?
그들은 걱정하지 않습니다.
그런데 왜 참새보다 귀하고 아름다운 당신이
날마다 걱정하며 살아야 합니까?

6. 기도

어느 40대 가장이 일기에 이렇게 썼습니다.
"사는 것이 너무나 지치고 힘들다."
그가 기도를 하고 나서 다시 일기를 썼습니다.
"모든 것이 너무나 감사하다."
환경은 바뀌지 않아도
기도하면 마음이 바뀝니다.

7. 믿음

앞이 보이지 않습니다.
길이 보이지 않습니다.
미래가 보이지 않습니다.
하지만 그것은 당연한 일입니다.
하나님께서는 우리가 미래를 알 수 없도록
우리를 만드셨습니다.
그러므로 미래를 알려 하지 말고
오직 하나님을 신뢰하십시오.
하나님의 사랑을 신뢰하십시오.
당신은 평안을 누리게 될 것입니다.

8. 내일

길에서 어떤 도사가 외칩니다.
"나그네여! 그대는 내일 일을 아는가? 내일 일이 두렵지
않은가?"
나그네가 대답하였습니다.
"나는 내일 일을 모릅니다. 그러나 두렵지는 않습니다.
왜냐하면 내일 일을 인도하시는 그 분을 잘 알기 때문입
니다."

9. 나그네

죄 많고 슬픔 많은 이 곳은
우리의 고향이 아닙니다.
우리는 다만 나그네이며
우리의 고향을 향한 여행을 계속합니다.
나그네가 걷다보면 개들이 나와서 짖습니다.
그러나 중요한 것은
개들은 짖다가 집으로 들어가지만
나그네는 묵묵히
본향을 찾는 여행을 계속한다는 것입니다.

10. 능력

할 수 있다, 할 수 있다..
100만 번을 외쳐도
오직 주님께서 이끄실 때에
우리는 할 수 있습니다.

11. 관계

하나님께서 아브라함에게 이삭을 요구하셨을 때
그는 즉시로 순종했습니다.
그것은 그가 오랜 세월을 하나님과 동행하며
그분과 교제하며
그분을 알았기 때문입니다.
참된 믿음의 행동은
관계의 기초 위에서 나오는 것입니다.

12. 인도

인생은 험하고
우리는 아는 것이 적습니다.
그러나 중요한 것은
우리를 사랑하시는 그분이
우리의 인생을 설계하시고 인도하신다는 사실입니다.

13. 교제

하나님께서 한쪽 문을 닫으실 때
그분은 항상 다른 쪽 문을 여십니다.
만약 다른 문도 열리지 않는다면
그 때는 조용히 기다리십시오.
그것은 하나님께서
당신과의 교제를 원하고 계시는 것입니다.

14. 약속

주님께서는 세상을 떠나시면서
고난이 없을 것이라고 약속하지 않으셨습니다.
고독이 없을 것이라고,
상처가 없을 것이라고 말씀하지 않으셨습니다.
다만
항상 함께 하시겠다고 약속하셨습니다.

15. 의뢰

많은 사람들이 하나님을 믿는다고 고백하지만
대부분의 사람들은 충분히 실패하기 전까지는
별로 하나님을 의뢰하지 않습니다.

16. 찬양의 날개

찬양은 날개와 같아
우리를 절망의 골짜기로부터
저 멀리 산봉우리까지
주님의 영광이 계신 곳까지
오르게 해줍니다.

17. 평안

이 험한 세상에서 나 혼자라는 것만큼
무서운 일은 없습니다.
아무도 내 마음을 알지 못하며
나의 고통과 슬픔을 알지 못한다는 것,
그것만큼 두려운 일도 없습니다.
그러나 그분, 주님께서
우리의 마음을 아십니다.
그분은 우리의 고독과 우리의 슬픔과
우리의 연약함을
분명히 아시고 기억하시며
사랑의 눈으로 지켜보고 계십니다.

18. 기억

많은 사람들이 기도를 한 후에
자기의 기도한 것을 잊어버리지만
하나님께서는 그 기도를 잊지 않으십니다.

19. 응답의 때

대부분의 사람들은
기도의 응답이 더디다고 생각하지만
돌이켜 생각해보면 기도의 응답은
항상 정확한 시간에 이루어집니다.

2장 인생

인생은 하나님을 알아가며
진리를 알아 가는 과정입니다.
여행이 길어질수록 육체는 쇠잔하나
우리의 속사람은 날로 새로워집니다.

20. 만남

인생은 만남을 위해서 있습니다.
사랑하는 사람과의 만남,
친밀한 벗과의 만남..
그것은 바로 행복입니다.
그러나 가장 축복된 만남은
살아 계신 주님과의 만남입니다.

21. 살아 있음

살아있다는 것은 참 행복한 일입니다.
사랑한다고 말을 할 수도 있고
손을 잡아줄 수도,
웃어줄 수도 있습니다.
죽은 후에는
더 이상 기회가 없을 것입니다.

22. 눈의 즐거움

삼손은 들릴라의 미모를 사랑했습니다.
그의 눈은 그녀의 아름다움을 즐겼습니다.
그 결과 그의 눈은 뽑히고 말았습니다.
당신의 눈이 TV와 컴퓨터가 주는 즐거움에
너무 빠지지 않게 하십시오.
세상의 아름다움에 취할 때
거기에는 반드시 혹독한 대가가 있습니다.

23. 장점

압살롬은 유난히 머리칼의 숱이 많고 아름다웠습니다.
그는 그것을 몹시 자랑스럽게 여겼습니다.
그러나 그는 전쟁 중에 달아나다가
그만 머리칼이 나무에 걸려 죽고 말았습니다.
머리가 짧았더라면 그는 살았을 수도 있었을 것입니다.
당신의 장점을 너무 자랑하지 마십시오.
오히려 그 장점이 불행을 가져올 수도 있습니다.
사람이 실족하는 것은 많은 경우
자기의 약점이 아니고
자기가 자랑하는 장점입니다.

24. 운명

사람들이 당신을 욕하든, 칭찬하든,
당신의 운명은 바뀌지 않습니다.
오직 하나님만이 당신의 삶을 결정하십니다.

25. 체질

어떤 사람은 큰소리로 화내고
어떤 사람은 작은 소리로 화를 냅니다.
어떤 사람은 큰소리로 울고
어떤 사람은 조용히 흐느껴 웁니다.
큰소리가 더 많은 분노를,
작은 소리가 작은 분노를 나타내지는 않습니다.
크게 운다고 슬픔이 더 큰 것도 아니며
작게 운다고 슬픔이 작은 것은 아닙니다.
그것은 모두 각 사람의 체질에 불과합니다.

26. 인생

인생에는 산과 골짜기가 있습니다.
인생의 전반부를 힘들게 보낸 사람은
대체로 후반부가 평탄합니다.
반대로 전반부를 쉽게 보낸 사람은
후반부에서 고생합니다.
그러므로 형통할 때 자만하지 않으며
어려울 때 낙심하지 않는 것이
곧 인생의 지혜인 것입니다.

27. 독립

어린이는 빨리 독립하여 부모로부터 벗어나야 합니다.
그리하여 자기의 삶을 살아야 합니다.
자녀를 내 뜻대로 기르지 마십시오.
내 생각을 강요하지 마십시오.
그것은 그들의 성장을 반대합니다.
마마보이는 몸은 자랐으나
마음은 아직 자라지 않은 것입니다.

28. 라이프 스타일

각 사람마다 독특한 라이프 사이클이 있습니다.
어떤 사람은 모든 것들을 빠르게 성취합니다.
어릴 적부터 이해도 빠르고 몸의 발육도 빠릅니다.
알렉산더 대왕처럼 20대 초반에
세계를 정복하는 사람도 있습니다.
사람들은 이런 이들을 천재라고,
뛰어난 사람이라고 하지만
그러한 이들은 라이프 스타일이 빠른 것뿐입니다.
이런 사람들은 성취가 빠르므로
빨리 죽는 것이 보통입니다.
반면에 어릴 적부터 모든 발육이나 이해가
느린 사람이 있습니다.
이들은 성질 급한 어른들로부터
바보 소리를 듣고 자라지만 바보가 아니라
삶의 리듬이 조금 느릴 뿐입니다.
이들은 자란 후에는 어린 시절의 어려움을 극복하고
자기의 스타일을 찾게 됩니다.
늦기는 하지만 그도 역시 훌륭한 한 사람으로서
자기에게 주어진 것들을 담당하게 되는 것입니다.

29. 친구

사람들은 모두 유명하고 능력 있는 사람을
사귀기 원하지만
인생의 어려움이 닥칠 때
그들은 별로 도움이 되지 않습니다.
평소에 대수롭게 여기지 않던 사람이
당신이 힘들 때 친구가 되어줍니다.

30. 분별

크게 칭찬하면서 다가오는 사람일수록
떠날 때는 심하게 욕을 합니다.
그러므로 사람의 말을
지나치게 신뢰하는 것은 좋지 않습니다.
마음이란 항상 바뀌는 것입니다.
내일 어떻게 될지 그것은 아무도 모릅니다.
오직 주님만이 우리 신뢰의 대상입니다.

31. 시력

어린이들은 시야가 좁습니다.
그러므로 멀리 보지 못합니다.
공을 잡으러 가다가
달려오는 차를 보지 못합니다.
젊은이들의 사랑도 그와 같아서
사랑에 빠지면
달려드는 많은 위험을
보지 못합니다.

32. 1등

이런 광고의 멘트가 있었습니다.
아무도 2등을 기억하지 못합니다. 오직 1등뿐입니다..
그러나 주님은 2등도, 꼴찌도 기억하십니다.
사람들은 1등을 기억하고 위대한 사람을 기억하지만
주님은 1등도 아니고 위대한 사람도 아닌
겸손하며 충성된 그의 종들을 기억하십니다.

33. 성취

유명인, 부자, 성공자들은
많은 사람들에게 선망의 대상이지만
그들은 결코 영원히 그 자리에 머물러있지 않습니다.
그리고 진정한 성취를 했다고 보기 어렵습니다.
진정한 성취란 눈에 띄는 것이 아니며
주님 보시기에 합당한 삶이며 성품입니다.

34. 기다림

아무리 울부짖어도
겨울이 순식간에 봄이 되는 것은 아닙니다.
기도 응답에도 때가 있습니다.
많은 고난들은 대부분
충분히 인내하며 기다릴 때
서서히 감해지며
충분히 시간이 지나고 나서
봄이 오는 것입니다.

35. 훈련

이혼, 사별, 버림받음, 질병 등
인생 대부분의 고통은
영혼의 성숙을 위하여 오는 것입니다.
영혼의 만족과 가는 길을 알지 못하고
겉사람의 행복에 집착하고 있을 때
주님께서는 고통을 통하여
우리의 시선, 관점을 바꾸십니다.
우리가 눈을 뜨고 배우게 될 때
고통은 사라지게 될 것입니다.

36. 갈등

겉사람이 평탄하고 행복하면
속사람이 괴롭습니다.
겉사람이 고통을 겪으면
속사람은 눈을 뜹니다.
이 두 사람의 갈등과 싸움, 변화, 발전의 과정이
곧 인생인 것입니다.

37. 연극

영화에 빠져서 주인공의 모습에 울고 웃지만
언젠가 영화는 끝나고
우리는 집으로 가야 합니다.
인생도 마찬가지로
우리가 맡은 배역은 언젠가 끝나고
우리는 집으로, 본향으로 가야 합니다.
이 땅의 삶은 연극의 배역과 같은 것이며
우리는 연극과 맡은 배역에 지나치게 몰입하여
돌아갈 집의 기억을 잊어서는 안 됩니다.
겉사람은 연기에 몰입하지만
속사람은 돌아갈 집을 기억합니다.
그것이 바로 영혼의 감각인 것입니다.

38. 열매

열매는 아무 때나 맺을 수 있는 것이 아닙니다.
복 있는 사람도, 물가에 심긴 나무도,
시절을 좇아 과실을 맺습니다.
겨울에는 과실이 없으며
그때는 오직 기다려야 합니다.

39. 사명

태어날 때부터 바깥의 기질을 가진 사람이 있고
내면의 기질을 가진 사람이 있습니다.
바깥의 사람은 활동적이고 영악하며
삶의 많은 부분에서 유능합니다.
그러나 이들은 영원과 본질과 의미를
좋아하지 않습니다.
내면의 사람은 본질과 영원과 진리에 관심이 있으나 바
깥의 삶에 어설프고 무능합니다.
내면의 사람을 답답하다고 다그치지 말며
외적인 사람을 수준이 낮다고 판단하지 마십시오.
이들은 맡은 사명이 다를 뿐이며
각자에게 맡겨진 것들을 수행하게 될 것입니다.

40. 섭리

인생에는 산과 골짜기가 있습니다.
산이 높으면 골짜기도 깊습니다.
산이 낮으면 골짜기도 낮습니다.
누군가가 큰 기쁨을 기대한다면
그는 그만큼 큰 고통도 감수해야 합니다.

41. 기질

사람은 기질적으로 지배인이거나 의존인의
어느 한쪽에 가깝습니다.
지배인은 남을 소유하고 지배하려는 성향이 강하며
적극적이고 공격적인 면이 있으며
의존인은 온유하지만 소극적입니다.
지배인끼리 만나면 싸움과 갈등이 많으며
의존인끼리 만나면 싸움은 없으나
활력이 부족하여 무기력해집니다.
지배인과 의존인은 서로 상대에게 끌리게 됩니다.
지배에도, 의존에도 다 부작용이 있으며
그러므로 우리는 주님께만 지배를 받으며
사람에게는 의존하지도 지배하지도 않는
자유인으로 살아야 하는 것입니다.

42. 인도하심

원하지 않는 일, 귀찮은 일, 힘든 일도
주님의 허용이 없이는 이루어지지 않습니다.
우리가 뭔가 배울 필요가 있을 때만
주님께서는 그것들을 허용하십니다.

43. 경험과 깨달음

모세는 120년을 살았습니다.
첫 40년 간 그는 '나는 할 수 있다!' 고 외쳤습니다.
그러나 그는 아무 것도 이루지 못했습니다.
두 번째 40년 간 그는 '나는 할 수 없다!' 하고 푸념했습
니다. 실제로 그는 무기력했습니다.
세 번째 40년 간 그는 "주님은 할 수 있으시다!'
라고 외쳤습니다.
그 결과 그는 풍성한 사역을 감당하였습니다.
우리는 인생의 과정, 실패의 경험을 통하여
진정한 깨달음을 얻게 되며
자기를 비우고 주님의 통로가 되어가는 것입니다.

44. 경고

별로 기도하지도 않았는데
주님을 간절하게 붙잡고 있었던 것도 아닌데
모든 상황이 좋게 돌아간다면
너무 좋아하지 마십시오.
조심하십시오.
그것은 재앙의 시초일 수도 있습니다.

2장 인생 31

45. 인도

사도 바울은 항상 성령님과 동행하며
그 분의 인도를 받았지만
말할 수 없는 고난과 역경을 겪었습니다.
성령께서는 우리를 바른 길로 인도하시지
고통이 없는 삶으로 인도하시는 것은 아닙니다.

46. 재산

여성들은 아름다운 외모와 날씬한 몸매를
얻기 위하여 몹시 애를 씁니다.
외모에 자신이 있는 분들은
긍지로 가득하며 당당합니다.
그러나 진정한 인생의 위기가 닥칠 때
외적인 아름다움은 아무런 도움이 되지 않습니다.
믿음, 지혜, 영적 통찰력, 겸손, 인내, 순결함..
이러한 내면의 아름다움들이
정말 중요한 순간에 우리에게
진정한 도움을 줄 수 있는 것입니다.

47. 사명 1

관계중심의 사람과
사역중심의 사람은
날 때부터 어느 정도 결정되어 있습니다.
그것은 체질이고 사명이며
어느 쪽이 옳다고 단정할 것이 아닙니다.

48. 사명 2

사명에 따라 어떤 사람은 이 땅에서 드러나게 사역하고
어떤 사람은 은밀하게 감추어져 있습니다.
드러날 사람이 감추어지는 것도 고통이지만,
숨겨져야 할 사람이 드러나는 것도 일종의 재앙입니다.

49. 탐식

어떤 분들은 먹는 것을 몹시 좋아합니다.
그들은 비싸고 영양가가 높은 음식을 먹지 못하면
몹시 괴로워하며 자신을 불쌍하게 여깁니다.
그들은 건강한 몸을 가지고 있으면서도
자신이 영양실조라고 한숨을 쉽니다.
이러한 이들은 영적인 성장에 관심이 없으며
자신의 비참한 영적 상태를 보지 못합니다.
좀 더 성장하게 되면 그들은
무엇이 좀 더 중요한 것인지 알게 될 것입니다.

50. 사랑의 사명

주님께서는 우리가 사랑하고 섬기도록
우리에게 사람을 보내십니다.
그리고 우리의 역할이 끝나면
그들을 다른 곳으로 인도하십니다.
우리는 우리에게 맡겨진
사랑의 사명을 감당해야 하며
사람을 소유하려고 해서는 안 됩니다.

51. 참된 위로

어떤 이들은 타인의 위로와 관심에 목말라 있습니다.
그는 누군가가 자신에게 관심을 보이면 몹시 기뻐하며
사람에게 위로 받고 힘을 얻는 것을 좋아합니다.
어릴 때에는 주님께서 이것을 내버려두시지만 좀 더 성
장하면 주님은 이러한 위로가 끊어지게 하십니다.
그리하여 외로운 상태로 두십니다.
왜냐하면 세상의 위로와 사람의 위로로 채워질 때
그는 주님의 위로를 받아들일 곳이 없기 때문입니다.
그러므로 외로움과 고독함 속에서 절망하는 이들은
이로 인하여 기도하게 되어 주님의 위로를 얻게 되고 그
리하여 오히려 그 외로움을 기뻐하게 되는 것입니다.

52. 실족

남의 불행이나 넘어짐에 대해서
쉽게, 함부로 말하는 사람에 대하여
하나님께서는 그에게
당하는 사람의 마음과 입장을 이해할 수 있도록
비슷한 상황과 일을 경험하게 하십니다.

53. 섬김의 종류

그리스도인은 누구나 섬김의 사명이 있지만
그 섬김의 분야는 다 다릅니다.
어떤 분은 언어로 잘 섬기며
행동으로 섬기는 면은 부족합니다.
어떤 분은 음식 장만이나
행동을 통하여 섬기는 것을 잘 하지만
언어나 마음으로 섬기는 면이 부족합니다.
어떤 분들은 깨달음이 많아서
가르침으로 잘 섬기지만
정서적으로 메마른 면이 있어서
조금 딱딱하고 정이 없게 느껴집니다.
어떤 분들은 일에 서투르지만
감수성이 예민하여 사람의 마음을 잘 알고
위로와 편안함을 줍니다.
그 모든 것은 부르심이며
어떤 것이 가장 좋고
어떤 것이 나쁘다고 할 수 없습니다.
그리스도인들은 모두가 섬길 수 있는 달란트가 있으며
자신의 사명을 깨닫고 봉사할 때 참 기쁨을 경험할 수 있
는 것입니다.

54. 과장

어떤 분은 말을 할 때마다
거짓말을 하는 것은 아니지만
무엇인가를 항상 보태며 과장을 합니다.
사람들의 관심을 끌기 위하여,
또는 자신을 돋보이게 하고 싶어서,
등의 여러 이유로 말을 보태며 과장합니다.
하지만 그것은 거짓에 속한 것입니다.
약간의 과장도 역시 거짓입니다.
그것은 주님이 기뻐하시지 않는 것입니다.
그것은 영혼을 허탈하게 만들며
점점 더 영혼의 감각을 마비시킵니다.
당신의 언어와 의식이
주님께 속한 것이 되게 하십시오.
주님 앞에서 말하고
어디서나 항상 주님을 의식하십시오.
당신이 항상 주님 안에 거하게 될 때
당신의 곤고함은 사라지며
당신의 말도 영혼도
온전한 평화 속에 거하게 될 것입니다.

55. 가시

주님께서는 우리 속의 악성을 다루시기 위하여
우리의 주변에 가시의 사람을 보내십니다.
우리는 가시에 찔려 아픔을 겪으며
다른 곳으로 피하고 싶어 합니다.
하지만 그곳에도 역시 가시가 있으며
우리는 피할 곳이 없습니다.
문제는 가시가 아니며
우리 속의 자아와 좁은 마음입니다.
가시는 우리의 악을 드러내며
우리의 완악함과 사랑 없음을 보여주는 도구입니다.
우리가 도피하지 않고
십자가와 가시를 받아들일 때
우리의 영혼은 평화를 누리게 됩니다.
그렇게 우리의 영혼은 조금씩 성장하며
주님 앞으로 나아가게 되는 것입니다.

56. 심고 거두는 것

남을 미워하는 것은 고통의 씨앗을 심는 것입니다.
원망을 늘어놓는 것도 재앙의 씨를 심는 것입니다.
사람들은 날마다 각종 재앙의 씨를 심으면서도
그 열매가 다가오면 억울해하고 놀랍니다.
그러나 우리의 모든 인생은
뿌린 대로 거두는 것입니다.
사랑을 심어 미움을 거두는 자도 없으며
불평을 심어 행복을 거두는 자도 없습니다.
성경은 우리에게 이 법칙을 계속 확인시켜 줍니다.
광야에서 방황하던 모든 이스라엘 백성들은
원망하고 불평하다가 다 광야에서 죽었습니다.
오직 여호수아와 갈렙만이 살아서
약속의 땅 가나안에 이르렀습니다.
그 두 사람은
주위의 모든 사람들이 재앙의 씨를 심고 있을 때에
같은 씨앗을 심는 것을 거부했던 것입니다.

2장 인생 39

57. 기회

가게에서 물건을 산 후 잠시 다른 생각을 하다가
잔돈을 거슬러 받는 것을 잊었습니다.
집에 와서 비로소 생각이 나서
다시 가게로 돌아가 잔돈을 요구했더니
그는 돌려주지 않았습니다.
돈은 약간 손해를 보았지만
귀중한 교훈을 얻었습니다.
비록 자기의 권리라고 하더라도
시간을 놓치면, 기회를 놓치면
그것을 주장할 수 없다는 것입니다.

58. 관점

많은 사람들이 인생살이의 고통으로 웁니다.

많은 사람들이 삶의 희열로 웃습니다. 그러나 언젠가 영원이 열리고 우리의 눈이 열리면 우리는 우리의 고통이 행복인 것을 알게 될 것입니다. 우리는 우리의 희락이 행복이 아니었음을 알게 될 것입니다.

우리는 진정 구해야 할 것을 구하지 않았으며 별로 중요하지 않은 것에 너무 마음을 쏟았음을 알게 될 것입니다.

우리는 우리의 소원이 이루어지지 않은 것을 감사하게 될 것이며 우리의 기도가 응답되지 않은 것을 기뻐할 것입니다.

그때가 되면 우리는 우리의 삶에 너무나 아름답고 감사해야 할 일이 많았으며 진정 우리에게 많은 은총이 부어졌음을 이해하게 될 것입니다.

그리고 우는 자가 복이 있으며 웃는 자에게 화가 있다는 주님의 말씀도, 아무 것도 염려하지 말라는 주님의 말씀도 이해할 수 있게 될 것입니다.

영원이 열리는 그 순간에는 말입니다.

3장 진리

우리가 삶에서 겪는 많은 실패와 고난과 좌절은
우리가 진리를 깨닫고 배워야 할 것을 배우며
영혼의 눈이 뜨여지게 하기 위해서 오는 것입니다.

59. 배움

우리는 한 평생 많은 것들을 배웁니다.
그러나 우리의 삶에 진정 필요하고 도움이 되는 것은
그리 많지 않습니다.
우리는 진정 알아야 할 것을 지나치고 있는지도 모릅니다.
어쩌면 우리는 별로 필요 없는 것을 배우기 위해서
평생을 고생하고 있는지도 모릅니다.

60. 가르침

경험자는 열변을 토하고
전문가는 웃습니다.
많이 가르친다고
사람들이 많이 듣는 것은 아닙니다.
대부분의 사람들은
때가 되어야
비로소 알아야 할 것을 알게 됩니다.

61. 흘러감

하늘 위에는 바람이 불고
땅에서는 물이 흐릅니다.
지구는 회전하며 움직이고
이 땅에서는 아무 것도
정지된 것이 없습니다.
당신의 감정도, 지금의 생각도,
사랑도, 미움도, 분노도, 후회도
모든 것들은 다 지나갑니다.

62. 가르침

이 세상에 수많은 교훈, 가르침이 있으나
각 사람이 마음속 깊이 간직하는 가르침은
고작 몇 가지에 불과합니다.

63. 설교

많은 사람들이 설교를 듣고 있는 듯이 보이지만
사실 많은 이들이 듣지 않고 있습니다.
그들은 그저 앉아있을 뿐입니다.

64. 착각

가르치는 자는 상대가 감명을 받았다고 생각하지만
많은 경우에 상대방은 그저
잔소리를 견디어 낸 것에 불과합니다.
많은 사람들이 자신이 사랑하고 있다고 생각하지만
사실 그들 중 대다수는 사랑이 무엇인지도 모릅니다.

65. 보이지 않음

한 쌍의 연인이 이별을 하기로 결심합니다.
찻집에서 차를 마시며 마지막 대화를 나눕니다.
남자는 웃고, 여자는 웁니다.
그러나 누구의 마음이 더 아픈지는
아무도 알 수 없습니다.
마음과 감정은 겉으로 보이는 것과
항상 같은 것은 아닙니다.

66. 생각

젊은이들은 생각이 짧고
노인들은 생각이 너무 많습니다.
젊은이들은 근시 안경을,
노인들은 원시 안경을 씁니다.
젊은이들은 해야 할 생각을 하지 않으며
노인들은 하지 않아도 될 생각을 많이 합니다.
젊은이들은 생각 없이 움직이며
노인들은 생각하고도 움직이지 않습니다.

67. 법칙1

남을 미워하거나 비판하지 마십시오.
언젠가 그것은 반드시 당신에게 되돌아옵니다.
인생의 법칙에는 예외가 없습니다.

68. 법칙2

지금 당신이 당하고 있는 것은
언젠가 당신이나 당신의 부모가
뿌린 씨앗의 결과입니다.
반성하지 않고 분노한다면
당신은 결코 거기서 나오지 못할 것입니다.

69. 진실한 가르침

지식이 많다고 해서
잘 가르칠 수 있는 것은 아닙니다.
진실로 아는 자는
진리가 몸에 배어 있습니다.
그는 입으로 가르치지 않을 때에도
삶으로, 인격으로, 침묵으로,
항상 가르치고 있습니다.

70. 생각

생각은 하나의 에너지입니다.
당신이 지금 어떤 생각을 하든
그에 관련된 에너지는 당신에게로 오며
당신을 움직이고 영향을 줍니다.

71. 분위기

집회에서 음악이 흐르고 감동적인 멘트가 있을 때
많은 사람들은 울면서 주님께 헌신을 고백합니다.
그러나 실제의 삶에서
주님을 선택하고 따르는 사람은 많지 않습니다.
주님께서 십자가에 달리실 때
거기에는 감미로운 배경 음악도, 찬양도, 효과음도,
아무 것도 없었습니다.
그저 고통이, 외로움이, 버림받음이 있었을 뿐입니다.

72. 흥분

부흥 집회에는 많은 열광이 있습니다.
그러나 그 열광이 진정으로 주님을 사랑하는 것인지
자기의 감정과 흥분을 사랑하는 것인지는
좀 더 두고 봐야 합니다.

73. 만남

영적 발전 단계가 비슷한 수준의 사람을 만나는 것은 행
복한 일입니다.
그들은 서로를 이해하며 서로의 마음을 압니다.
입만 벌려도, 눈만 봐도 그들은 서로 압니다.
그래서 그들은 같이 있을 때 기쁨을 느끼며
서로를 향하여 끌리고
자꾸 서로 만나고 싶어지는 것입니다.

74. 듣기

어떤 이들은 앞서 간 선배들의 이야기를
듣지 않으며 믿지 않습니다.
이들은 자기의 생각이 절대적으로 옳다고 믿으며
자신이 직접 경험하지 않은 것은 받아들이지 않습니다.
이들은 귀를 기울이는 지혜를 발견하게 되기까지
많은 실패와 어려움을 겪게 될 것입니다.
많은 영혼들이 단지 듣기를 거절했기 때문에
지옥으로 가게 되는 것입니다.

75. 안타까움

여성들은 날씬한 몸매와
외적인 아름다움을 만들기 위하여
온갖 정성을 들입니다.
그러나 사실 그것은
스스로 무덤을 파는 것에 불과합니다.

76. 부메랑

남을 괴롭힌 사람은
언젠가는 그것을 돌려받게 됩니다.
이 땅에서 받든, 영원한 곳에서 받든,
거기에는 예외가 없습니다.

77. 대가

부동산 투기, 복권, 주식 투자로 인한 이득은
다른 이들의 고통과 피해의 기초위에서 생기는 것이며
그러한 이득을 얻은 사람은
언젠가는 반드시 대가를 지불하게 됩니다.
경제적 파탄이든, 영혼의 파탄이든, 어떤 형태로든
그는 반드시 대가를 지불하게 됩니다.
참다운 이득은 나에게도, 남에게도,
모두에게 유익이 되는 것이며
아무에게도 손해를 끼치지 않습니다.

78. 성향

외면인은 보이는 것을 추구하고
내면인은 보이지 않는 것을 추구합니다.
그렇기에 외면인은 이 땅에서 성공한 듯이 보이나
영원한 곳에서는 실패할 수도 있습니다.
오늘날 많은 이들이 보이는 것을 추구하지만
깨달은 이들은 보이지 않는 보화를 구하며
세상에 숨겨져 있는 주님 자신을 갈망하고 사모합니다.

79. 진리

보이는 것은 파생된 것이며
근원과 본질이 아닙니다.
보이는 것을 추구하는 사람은
참된 진리에 이를 수 없습니다.

80. 자유

물은 얼음보다 자유로우며
수증기는 물보다 자유롭습니다.
액체는 고체보다 자유로우며
기체는 액체보다 자유롭습니다.
부드러운 것은 단단한 것보다 자유롭습니다.
육체는 강건하지만 굳어 있으며
영혼은 부드러우며 자유롭습니다.
그러므로 영혼의 감각이 깨어날수록
사람은 자유롭게 되어
자유롭게 생각하고 자유롭게 사랑하며
언제 어디서나 자연스러운
하나님의 사람이 되는 것입니다.

81. 사역

바른 사역자의 첫 번째 조건은
지식도 재능도 유능함도 열정도 아니며
죽음을 통과하고 승리한 분량입니다.
누구든지 자신이 경험한 승리의 분량만큼만
사역을 할 수 있습니다.

82. 악한 즐거움의 대가

악한 영들이 사람을 사로잡는 방법은 최초에 어느 정도의 즐거움을 주는 것입니다.

어느 정도의 즐거움을 주는 것을 통하여 유혹하다가 그가 그 즐거움을 버릴 수가 없을 때쯤 되면 악한 영들은 본색을 드러내어 그 영혼을 사로잡으며 그 영혼을 억압하고 고통을 줍니다. 그 때부터 불안 등 많은 증상이 시작됩니다.

악한 영들이 주는 즐거움을 받아들이고 즐기는 이들에게 그들은 합법적인 권리를 주장합니다. '이 사람은 내 것' 이라고 그 소유권까지 주장하는 것입니다.

오늘날 많은 영혼들이 마귀에게 눌려서 고통을 겪고 있지만 그것은 자신의 책임이며 그들과 계약을 맺은 것과 같은 것입니다.

그러므로 철저한 반성과 회개와 함께 그들이 제공한 즐거움들을 토해내야 합니다. 악한 영들, 세상이 주는 즐거움을 받고 즐기고 누린 이들은 누구든지 그 모든 것들을 토하고 많은 고통의 대가를 지불한 후에야 비로소 그들의 손에서 벗어날 수 있게 될 것입니다.

83. 부활 생명

생명과 부활 생명은 다릅니다.
생명은 타고날 때 받은 것이지만
부활 생명은 죽음을 통과한 생명입니다.
타고난 생명은 땅에 속한 생명이며
자연과 본능에 속한 것이며
진정한 생명이 아닙니다.
그러나 부활생명은 주님의 생명이며
하늘에 속한 생명으로서
우리의 생명을 새롭게 하는 것입니다.

84. 충족

다른 사람의 애정을 통하여
자신을 채우려는 사람은 불행합니다.
그 대상이 배우자이든, 자녀이든
그는 불행합니다.
그는 오랜 세월의 고통과 눈물을 겪은 후에야
자기의 마음을 채우시는 분은
오직 주님뿐임을 알게 됩니다.

85. 도구

탕자를 다시 아버지께로 인도한 것은
깨달음도, 회개도 아니고
다만 굶주림이었습니다.
이와 같이 우리의 연약함도, 어려운 상황도,
우리를 주님께로 이끄는 도구가 될 수 있는 것입니다.

86. 하나님의 시간

모세가 광야에서 배운 한 가지는
자기는 스스로 아무 것도 할 수 없다는 것입니다.
그가 충분히 낮아졌을 때
하나님이 찾아오셨습니다.
하나님은 그가 힘이 넘칠 때 사용하지 않으시고
힘없는 늙은이가 되었을 때 사용하셨습니다.

87. 돼지와 진주

돼지에게 진주를 주는 것은 잘못입니다.
돼지의 입장에서는 진주를 씹다가
딱딱한 것에 부딪쳐 이빨이 아프니
그것을 준 자를 들이받는 것이 당연한 일입니다.
돼지에게 무엇을 주고 싶으면
진주를 팔아서 돈으로 바꾸어
그 돈으로 쥐엄 열매를 사서 주어야 합니다.
그러면 돼지는 몹시 기뻐할 것이며
주는 자를 들이받지 않을 것입니다.
돼지는 어린 영혼을 의미하는 것으로
어린 영혼의 상태를 분별하지 못하는 사람은
진주를 공급할 자격이 없으며
진주를 누릴 능력도 없습니다.
영혼이 어리다는 것은 죄가 아닙니다.
그러나 진리를 가진 자로서
영혼의 상태를 분별하지 못하는 것은 잘못된 일이며
영적 상태에 대한 바른 분별이 있을 때
바른 섬김과 사역이 가능한 것입니다.

88. 권세

깊은 나락으로 떨어졌다 올라온 영혼은
그와 같이 나락에 떨어진 영혼을
구원할 수 있는 권세를 얻습니다.
그러므로 아래로 떨어지는 것은
권세와 능력을 얻을 수 있는 아주 좋은 기회입니다.

89. 중보

한 영혼이 구원되기 위해서는
누군가가 그를 위하여
고통과 눈물과 영적 전쟁을 경험해야 합니다.
그 고통의 분량이 차고 싸움에서 이기기 전까지
그 영혼은 마귀로부터 벗어날 수 없습니다.
오늘날 그리스도인들이 십자가를 싫어하기 때문에
많은 묶인 영혼들이 풀려나지 못하고 있습니다.
불신 남편이 믿는 아내를 핍박하는 것은
그가 구원을 받는 과정인데
많은 믿는 아내들이 이것을 이해하지 못하고
슬퍼하며 자기 연민에 빠집니다.

90. 근원

분노, 욕심, 시기, 질투, 거짓..
많은 죄의 목록이 있습니다.
그러나 그 모든 죄의 근원은 "나" 입니다.
사랑, 긍휼, 자비, 의로움, 진실..
많은 의로움의 목록이 있습니다.
그러나 한 마디로 그 근원은 "주님" 입니다.

91. 침묵

침묵으로 가르치는 것이 없다면
많은 말로도 가르칠 수 없을 것입니다.
침묵은 바로 그 자신을 드러내기 때문입니다.

92. 진정한 능력

'할 수 있다! 된다! 당신은 위대하다!
입술의 시인대로 된다! 꿈을 가져라!
믿음을 가져라!' 라는 메시지가 많이 있습니다.
당신은 그 이야기를 좋아할지도 모릅니다.
그러나 당신의 영혼이 어느 정도 성장하면
당신은 그 메시지에 싫증이 날 것입니다.
그 메시지는 당신의 영적 상태가 애굽에 있을 때,
영적으로 어릴 때에만 통용되는 것입니다.
당신이 애굽에서의 기간을 지나고
광야의 훈련을 거치게 되면
당신은 그 외치는 시간에
조용히 주님께 무릎 꿇고
그분을 기다리며
그분의 뜻을 구하게 될 것입니다.
당신은 당신의 인생이
당신의 믿음이나 외침에 있지 않고
주님의 뜻과 그분의 손에 맡겨져 있음을
알게 될 것입니다.
진정한 능력은 바로 겸손과 순종이며
주님을 깊이 경외하는 데서 오는 것입니다.

93. 언어의 에너지

언어에는 에너지가 있습니다.
언어에 따라 좋은 에너지도,
나쁜 에너지도 흐르게 됩니다.
부모가 자녀에게 강력한 분노를 터뜨리며 말할 때
그 언어를 통하여 일종의 저주 에너지가
자녀를 억압하게 됩니다.
그것은 아이에게 질병이나 사고, 재앙의 에너지를
끌어당기게 되는 것입니다.

94. 자유

주님께 소유되고 주님을 얻는 자는
아무 것에도 집착하지 않습니다.
주님을 잘 모르는 자는
쉽게 이것 저것에 집착하며
아무 것도 포기하지 않습니다.

95. 욕망

먹는 것을 절제하지 못하는 사람은
성욕도, 명예욕도,
모든 다른 욕망도 다스릴 수 없습니다.
먹는 욕망은 모든 육적 욕망의 시작이기 때문입니다.

96. 묶임

항상 남들이 어떻게 생각할까 눈치를 보면서
남들의 시선과 평가를 주의하는 사람들은
결코 주님을 섬길 수 없습니다.
이미 그는 사람의 종이기 때문입니다.

97. 판단

남을 쉽게 판단하는 사람은
스스로를 때리고 있는 것입니다.
그는 머지않아
자신이 심은 대로 열매를 거두게 될 것입니다.

98. 분별

남을 판단하면서 두려워하거나 아파하지 않는다면
그 판단은 주님께로부터 나온 것이 아닙니다.

99. 용서

남의 잘못을 용서하지 않는 자는
자기도 남에게 용서받지 못합니다.
우리가 냉정하고 잔인한 자들에게
고통을 당하고 있다면
우리는 자신의 과거를 돌이켜볼 필요가 있습니다.

100. 착각

주님이 인도하시면
항상 형통할 것으로 여기는 것은 착각입니다.
아브라함은 주님께 순종하여
주님이 지시하시는 땅으로 가자마자
기근을 만났습니다.

101. 진정한 복

많은 사람들이 복 받기를 원하나
참된 복은 주님자신입니다.
우리가 주님을 몹시 사랑하고 사모한다면
우리는 이미 복을 받은 것입니다.

102. 실제

주님을 사랑한다고 울부짖으며 고백하는 이는 많으나
그것이 진정한 주님 사랑인지,
자기 사랑인지, 착각인지, 아닌지는
구체적인 현실의 삶 속에서 드러나게 되는 것입니다.

103. 외식

많은 기도가
주님 자신보다 사람을 의식합니다.
이것은 기도이기보다는 외식에 가깝습니다.

104. 기쁨

가수의 특송을 통하여
많은 사람들이 즐거움과 기쁨을 얻었다고 해서
반드시 주님이 영광을 받으셨다고
할 수는 없습니다.

105. 낮은 마음

소리를 지르고 악을 쓰고
멋지게 찬양을 부른다고 해서
주님이 오시는 것은 아닙니다.
티끌처럼 땅에 엎드러졌을 때
주님은 오십니다.
물이 높은 곳에서 낮은 곳으로 흐르듯이
그분은 낮은 마음을 가진 자에게 임하십니다.

106. 때

자신만만한 사람에게 무엇을 가르치지 마십시오.
그는 진리를 받을 수 없습니다.
좀 더 세월이 흐르기를 기다리십시오.
그가 연단을 겪고 부드러워지면,
자기의 무능력을 알게 되면
그때 진리를 가르치십시오.

107. 비추심

깨우치기 위하여 만 마디를 가르쳐도
깨닫는 것이 아닙니다.
그러나 주님이 잠깐만 오셔서 한번만 비추시면
그는 깨닫습니다.
그러므로 아무리 답답해도
아무리 많이 가르치고 강요를 해도
열매를 맺을 수 없습니다.
오직 주님의 임하심과
주님의 때를 기다려야 합니다.

108. 칭찬

사람이 아무리 칭찬해도
주님이 기뻐하시지 않으면
그것은 가치가 없는 일입니다.
많은 경우에
사람들이 칭찬하는 것과 주님이 기뻐하시는 것은
같지 않습니다.

109. 임재

기름진 음식을 먹은 사람은
군것질에 눈이 가지 않습니다.
마찬가지로 주님의 아름다운 임재를 맛본 사람은
세상의 허탈한 쾌락을 추구하지 않습니다.
주님이 주시는 행복에 비하면
그것은 쓰레기와 같기 때문입니다.

110. 실제

주님의 사랑과 은혜와 달콤함을
이론으로만 알고 있는 사람은
죄의 습관과 세상 사랑에서
벗어나기가 어렵습니다.
주님은 관념이 아니고 실제이십니다.
주님을 실제로 경험한 사람만이
변화될 수 있으며
죄와 세상을 이길 수 있습니다.

111. 실족

낮은 곳에서는 아무도 실족하지 않습니다.
그러나 자신을 높이 여기는 자는
언제든지 실족할 가능성이 있습니다.
교만할수록 자기를 대단한 존재로 여기기 때문에
쉽게 넘어지며
남의 사소한 말에도
깊은 상처를 받게 됩니다.

112. 교만

우주 안에 있는 첫 번째 죄는 교만 죄 입니다.
마귀는 피조물의 위치를 버리고 스스로 높아졌습니다.
교만이란 이와 같이 피조물이 자기 위치를 버리고 높은
마음을 가지고 높은 곳으로 올라가는 것입니다.
이 교만에서 모든 죄가 시작됩니다.
원망, 분노, 미움, 불평 등 모든 죄는
교만의 뒤를 좇아서 따라오는 것입니다.
낮은 마음을 가진 자는
원망도 분노도 미움도,
불평도 없습니다.
그저 묵묵히 순종하고 충성하며 감사할 뿐입니다.
그러므로 그는 주님의 은총을 누리며
항상 천국의 풍성함 가운데 거하게 되는 것입니다.

113. 과거

사람들은 '과거'가 있는 사람을 꺼립니다.
그러나 가장 무서운 과거는
'주님을 알지 못했던' 과거입니다.

3장 진리 69

114. 갈등

천사들은 육체가 없습니다.
그들은 영일 뿐입니다.
동물들은 흙으로만 지어졌습니다.
그들은 육체뿐이며 본능으로 삽니다.
그러므로 천사에게도 동물에게도 갈등이 없습니다.
그러나 인간은 땅의 요소인 흙과
하늘의 요소로 지어졌습니다.
인간에게는 육체와 영혼이 있습니다.
그러므로 인간에게는 갈등이 있습니다.
육체와 영혼의 투쟁이 있으며
하늘과 땅의 갈등이 있으며
보이는 것과 보이지 않는 것,
썩을 것과 썩지 않을 영원한 것에 대한
갈등과 싸움이 평생 있는 것입니다.

115. 자격

나이가 많고 경험이 많다고 해서
모두 지혜로우며 존경받을 자격이 있는 것은 아닙니다.
중요한 것은 그의 삶과 인격입니다.

116. 추구

많은 사람들이
지금 자기가 원하는 것을 얻으면
행복할 것이라고 생각합니다.
그리고 지금 자기가 불행한 것은
자기가 원하는 것이 없기 때문이라고 생각합니다.
그러나 그가 원하는 것을 얻게 될 때
대부분의 사람은 더욱 더 비참해 집니다.
진정 가치 있는 것을 원하고 추구하는 사람은
그리 많지 않습니다.

117. 진정한 기쁨

환경에 의해서, 사람에 의해서
빼앗긴 기쁨과 행복이라면
그것은 진정한 보화가 아니며
진정한 기쁨도 아닙니다.
주님께서 우리에게 주신 보화와 기쁨은
그 어느 누구도 빼앗아 갈 수 없습니다.
심지어 죽음이라도 그것을 빼앗지 못합니다.

3장 진리 71

118. 천국

세상에서 오는 기쁨은
외적인 이유가 있습니다.
그 이유가 사라지고
조건이 사라지면
그 기쁨도 사라집니다.
그러나 주님께서 주시는 기쁨은
환경과 상관이 없습니다.
그는 기뻐해야 할 이유가 없는데 마음이 기쁘며
행복할 이유가 외적으로는 하나도 없는데 행복합니다.
그는 그 기쁨과 행복의 이유를 알 수가 없습니다.
왜냐하면 그 행복은
세상에서 오는 것이 아니라
천국에서 오는 것이기 때문입니다.

119. 가르침

이해하고 습득했으나
자기의 삶 속에 용해되지 않은 가르침은
사람의 영혼에게 진정한 유익을 주지 못합니다.

120. 진실

보이는 것을 추구하는 자들은
보이지 않는 것들을 추구하는 자들을
비웃으며 불쌍히 여깁니다.
보이지 않는 것을 추구하는 자들은
보이는 것을 추구하는 자들을
불쌍히 여깁니다.
누가 진정 불쌍한 자인지는
영원이 열리는 순간 나타나게 될 것입니다.

121. 행복감

행복감과 성취감은
외적인 성공의 정도에 비례한 것이 아니라
주님을 사랑하는 분량과 사명을 순종하는 분량에
비례하는 것입니다.

122. 조화

감동을 잘 받는 체질이 있습니다.
그들은 마음의 변화가 심하여
감동이 오래가지 않습니다.
감동을 받을 때는 모든 것을 할 것 같지만
감동이 식으면 그들은 움직이지 않거나
정반대로 행동합니다.

이해가 뛰어난 사람이 있습니다.
그러나 그들은 그들의 깨달음을
행동에 옮기는 것이 부족합니다.
그들은 많이 깨닫고, 가르치지만
냉정하며 실제적인 삶의 열매는 부족합니다.

어떤 이들은 무엇을 느끼든, 무엇을 깨닫든,
즉시로 행동합니다.
그러나 그들은 열정은 많으나 진리에 대한
이해나 정서적인 감동이 부족합니다.
이해, 감동, 행동은
서로 균형과 조화를 이루어야
아름다운 열매를 맺는 것입니다.

123. 성질

누구나 혈기와 성질이 있습니다.
그러나 그것을 절제해야 하는 이유는
성질대로 했을 때 나쁜 열매를 맺으며
반드시 대가를 지불하게 되기 때문입니다.
그러므로 성질을 조심하십시오.
잠시 후 당신의 흥분은 사라지고
당신은 후회하게 될 것입니다.

124. 상처

신발이 지나가다가 똥을 밟았습니다.
신발은 상처를 받았습니다.
그러나 똥은 상처받지 않습니다.
그는 낮고, 더러운 존재이기 때문입니다.
낮은 곳에 있는 이들은 상처받지 않습니다.
많은 사람들이 쉽게 상처를 받는 것은
그들의 마음이 높은 곳에 있기 때문이며
자기의 권리를 내려놓지 않았기 때문입니다.

125. 대중과 진리

많은 사람들이 간다고 해서
그 길이 반드시 옳은 길이라고
생각하지 마십시오.
대개의 경우 대중은
진리를 따르지 않습니다.
시대의 유행이라고,
최첨단 사상이라고
함부로 따라가지 마십시오.
진리는 오직 주님이 주시는 것이며
그 길은 항상 좁은 길과 좁은 문에 있습니다.

126. 깨달음과 시간

지금 당신이 무엇을 깨달았다고 해서
너무 많이 확신을 가지거나
그것을 가르치려고 애를 쓰지 마십시오.
사람의 마음은 자주 쉽게 바뀌는 것이며
진리의 입증에는 시간이 필요합니다.

127. 상급

사람들은 남들이 수고한 열매를
이 땅에서 자기가 누리기를 좋아합니다.
그러나 이 땅에서 열매를 누리는 사람은
영원한 곳에서 누릴 것이 없습니다.
보이지 않는 곳에서 심고 뿌리며
열매를 취하지 않고 양보하는 이들은
영원한 곳에서 많은 것을 거두며
많은 은총과 영광을 누리게 될 것입니다.

128. 후회

많은 경우 우리는
주님의 시키시는 일을 하지 않으며
주님의 원하시지 않는 일을
쉽게 행합니다.
그러한 행위로 인하여
우리는 후회하게 될 것입니다.
후회를 원하지 않는다면
바로 지금 주님이 시키시는 일을 하십시오.

129. 기도응답

사람들이 주님께 사랑을 달라고 기도할 때 주님께서는 우리의 주변에 우리가 도저히 사랑할 수 없는 사람을 데려다 놓으십니다.
우리는 그 사람을 인하여 상처받고 불평하며 원망하지만 그것은 우리 기도의 응답입니다.
우리는 그러한 사람으로 인하여 우리가 얼마나 사랑이 없는가를 깨닫게 되고 우리가 얼마나 이기적이고 좁은 사람인가를 알게 되며 주님께 엎드려 우리의 무능함과 사랑할 수 없음을 고백하게 되는 것입니다.
그때에 주님은 우리에게 오셔서 사랑할 수 있는 힘을 주시고 우리가 조금씩 사랑의 사람이 될 수 있도록
역사하여 주시는 것입니다.

130. 정화

많은 고난들이 기도에서 시작됩니다.
주를 알기를 원하고 사모하며 간절히 기도할 때
주님은 우리를 정화시키기 위하여
여러 가지 고난을 허용하시는 것입니다.

131. 반성

우리는 인생의 전반부에 많은 것들을 심습니다.
우리가 알지 못하는 사이에
어느덧 많은 것들을 심습니다.
인생의 후반부에 우리는
전반부에 심었던 것들의 열매를 거둡니다.
생각 없이 심었던 말, 행동, 별 의미 없어 보였던 시간,
순간들.. 그 모든 것들은 열매가 되어
우리의 삶에 나타납니다.
그 열매를 거두면서 우리는 후회합니다.
이렇게 모든 것을 거둘 줄 알았다면 좀 더 좋은 것을 심
을 걸.. 이제 다시 심으면 좀 더 나은 것을 심을 수 있을
것 같은데.. 하고 말입니다.
그러나 인생에는 연습이 없습니다.
두 번의 기회가 주어지지도 않습니다.
다행히 반성과 회개의 기회는 있으며
지난날을 참회하면서 우리는
영원을 준비할 수 있습니다.
반성하고 낮아지고
하나님께 순종하는 것을 배우며
우리의 영원한 본향을 사모하게 되는 것입니다.

132. 어두움이 주는 복

많은 사람들은 사탄이 재앙만을 일으킨다고 생각합니다. 그래서 고통이 오면 마귀의 역사라고 생각하며 외적인 풍성함이 있으면 하나님께서 복을 주셨다고 생각합니다.

그러나 그것은 온전한 관점이 아닙니다.

마귀도 복을 줄 수 있으며 불신자들이 누리는 대부분의 형통, 부유함, 풍성함은 하나님의 복이 아니고 어두움의 권세로부터 오는 것들입니다.

그들은 하나님을 떠나있으므로 하나님께서는 그들을 내어버린 상태로 두시며 마귀는 그를 사로잡기 위하여 외적인 형통함을 주는 것입니다.

그러나 누군가가 그들을 위해서 중보 기도를 하면 하나님께서는 기도를 들으시고 그들의 삶에 개입하십니다.

그리하여 그들에게 복을 주고 있는 악한 영들은 무너지고 떠나가게 되어 그들의 형통함은 사라지고 고통과 문제가 다가오기 시작합니다.

그들은 이로 인하여 슬퍼하고 괴로워하지만 거기에서부터 그들의 구원으로 가는 여정은 시작되는 것입니다.

133. 매혹적인 영들

대부분의 사람들은 사탄을 무섭고, 위험하고, 징그러운 뿔이 달린 존재로 생각합니다.

그러나 그렇지 않습니다. 그는 속이는 자이며 그런 흉악한 모습으로는 아무도 속일 수 없을 것입니다.

그는 기도 없이는 분별할 수도 없고

그의 존재를 인식할 수도, 이길 수도 없는 존재입니다.

자기를 사랑하고 쾌락을 사랑하며 세상을 사랑하는 자들에게 그는 매혹적이고 아름다우며 친근한 위로자로서 다가옵니다.

그가 매력적이 아니었다면, 삼손도, 다윗도, 솔로몬도, 아무도 넘어지지 않았을 것입니다.

어리석은 영혼들은 순간의 즐거움을 위하여 사탄이 주는 미끼를 받아먹습니다.

그들이 악마의 숨겨진 발톱을 발견했을 때는 이미 늦었으며 그들은 이미 악마의 합법적인 소유가 되어있음을 알게 될 것입니다.

영혼의 눈을 뜨고, 영원한 즐거움이 무엇인지 아는 사람만이 그들의 실재를 분별하며 거절할 수 있습니다. 그리하여 진정한 자유와 승리의 삶을 살 수 있는 것입니다.

4장 마음

사람의 마음을 좀 더 잘 알고
느끼며 이해할 수 있을 때
우리는 삶을 더 누릴 수 있습니다.
우리가 삶에서 겪는 많은 재앙들은
사람들의 마음을 읽지 못하기 때문에
오는 것입니다.

134. 고독

외로움처럼 무서운 질병은 없습니다.
혼자라는 것만큼 무서운 형벌도 없습니다.
사랑하시는 주님이 우리에게 오실 때
그분은 말씀하십니다.
사랑하는 자야.
너는 이제 더 이상 혼자가 아니다..

135. 상처

다른 사람의 말이
비수처럼, 창처럼
당신의 가슴을 찌를 때
십자가의 주님을 기억하십시오.
당신도 그분을
그렇게 창으로 찔렀습니다.

136. 단순함

거짓말을 하려면 머리가 좋아야 합니다.
자기가 한 말을 다 기억해야 합니다.
사람을 완전히 속이려면
완전범죄를 하려면
엄청난 노력이 필요합니다.
피곤하게 고생하지 말고
솔직하게 말하고 단순하게 사십시오.

137. 침묵과 미소

말을 하기 싫으면 들으십시오.
듣기가 싫으면 말을 하십시오.
둘 다 싫으면 침묵을 지키십시오.
혹시 침묵이 다른 이들을 불편하게 한다면
조용히 미소를 지으십시오.

138. 성격

감동을 잘하는 사람은
어떤 사람을 좋아하면
많은 이유를 들어
그 사람을 칭찬합니다.
잠시 후 마음이 바뀌면
그 후에는 다시
수많은 이유를 들어
그 사람을 비난합니다.

139. 분노1

어떤 사람은 겉으로 화를 내고
어떤 사람은 속으로 화를 냅니다.
전자는 남을 상하게 하며
후자는 자신을 상하게 합니다.
분노는 자기든, 남이든
항상 누군가를 상하고 아프게 하는 것입니다.

140. 분노 2

폭발적으로 분노하는 사람을 두려워하지 마십시오.
그러한 분노는 곧 사라지기 때문입니다.
계속 그렇게 화를 내고 있으면
아무도 목숨을 보존할 수 없을 것입니다.
그러므로 폭발적이고 강렬한 분노는
곧 식어버리게 됩니다.
그러나 분노를 감추는 사람은 조심해야 합니다.
그들은 분노를 오랫동안
마음 속 깊이 간직할 수도 있습니다.

141. 분노 3

분노는 살인과 같습니다.
그것은 당장 육체를 해롭게 하는 것은 아니지만
영혼을 서서히 파괴하는 것입니다.
많은 부모들이 자신의 자녀들에게 화를 내며
그런 식으로 그들을 서서히 죽이고 있습니다.

142. 생각

생각은 우리가 만드는 것이 아닙니다.
그것은 영계에서 오는 것입니다.
우리의 뇌는 그것을 수신하는 것입니다.
높은 수준의 생각은 높은 영계에서,
낮은 수준의 사고는 낮은 영계에서 옵니다.
많은 사람들이 낮은 수준의 본능적인 삶을 사는 것은
그들의 사고가 낮은 영계와 연결되어 있기 때문입니다.
육신의 욕망이 제어되고
영혼이 발전하게 되면
우리의 의식은 좀 더 높은 차원에 속하게 될 것입니다.

143. 오염

큰소리로 화를 내면
악한 파동이 그 주변에 가득하게 됩니다.
그것은 한동안 그 공간을 오염시킵니다.

144. 상처

아무도 자신에게 상처를 줄 수 없습니다.
자신만이 자신에게 상처를 줍니다.
아무도 자신을 죽일 수 없으며
자신만이 자신을 죽일 수 있습니다.
어떤 이들이 우리를 비난한다고 해도
우리 마음이 그것을 받아들이지 않는다면
우리는 여전히 편안함을 누릴 수 있습니다.

145. 겉과 속

단단한 조개껍질 속에 부드러운 살이 있듯이
겉으로 거칠어 보이는 사람이
속의 마음은 부드럽습니다.
겉으로 온유해 보이는 사람의 내적인 강퍅함이
실로 무섭고 두려운 것입니다.

146. 씨뿌리기

분노를 폭발하는 사람은
그것이 밖으로 나가서 소멸된다고 생각하지만
그것은 결코 소멸되지 않으며
그대로 본인에게로 돌아옵니다.
영성이 발전된 사람에게는 좀 더 빨리
영이 어린 사람에게는 좀 더 늦게 돌아오는
차이가 있을 뿐입니다.

147. 위로

수많은 설교와 많은 지식에
진정한 사랑이 없다면
그것은 상한 영혼을 위로하지 못합니다.
진정한 사랑과 따뜻한 마음만이
그들의 영혼을 치료하며 회복시킵니다.

4장 마음　89

148. 분노 다스리기

분노의 감정은 조용히 올라오는 것이 아니라
갑자기 폭발하는 것입니다.
분노하는 사람은 악한 사람이 아니라
마음이 긴장된 사람입니다.

149. 중심1

겸손은 영의 문제입니다.
그가 아무리
"저는 부족한 사람입니다."
라고 말해도
그의 중심이 교만하면
그는 교만한 것입니다.

150. 중심 2

누군가가
"언니? 괜찮아? 화 안 났어?" 라고 물을 때
"아니, 괜찮아." 하고 얘기해도
중심이 괜찮지 않으면
그는 괜찮지 않은 것입니다.

151. 집착

사랑 받지 못하고 자란 사람은
남을 사랑하기가 어렵습니다.
그는 자신이 누군가를 사랑한다고 생각하지만
사실은 상대를 통해서 충족되기를 원할 뿐입니다.
그는 상대를 소유하려고 하고 집착하기 쉬우며
자유롭게 사랑하는 것이 어렵습니다.
그의 집착을 견디지 못해서 상대가 그를 버리고 떠나면
곧 그는 지독한 상처를 받거나
그를 증오하게 될 것입니다.
주님의 사랑으로 온전히 충전된 후에야
그는 비로소 진정한 사랑을 할 수 있게 될 것입니다.

4장 마음 91

152. 소유욕

소유욕은 사랑이 아닙니다.
소유욕은 상대를 묶어두는 것이며
사랑은 상대를 자유롭게 하는 것입니다.
상대가 다른 이를 사랑한다면
조용히 축복하며 떠나게 하십시오.
소유욕은 자기중심에서 오는 것이며
진정한 사랑은 항상 자기의 행복보다
상대방의 행복을 기뻐하는 것입니다.

153. 눈물

눈물을 흘릴 줄 모르는 이에게
사랑을 맡기는 것은
도둑에게 지갑을 맡기는 것과 같습니다.
사랑과 긍휼을 아는 이들은
쉽게 눈물을 흘립니다.
울어야 할 때 울지 못하는 사람들은
어딘가가 망가지거나 부자유한 사람들입니다.

154. 분주함

마음이 분주하고 바쁜 사람은
주님을 섬길 수 없습니다.
그분은 항상
고요함 속에서 임재하시고
말씀하시기 때문입니다.

155. 생각의 힘

생각은 하나의 에너지입니다.
분노, 두려움, 미움 등의 생각을 받아들이면
그 생각들은 그 순간부터 자신을 파괴하기 시작합니다.
고통이 싫어서 병원에 가는 사람들이
그러한 어두움의 생각을 받아들이는 것은
참으로 놀라운 일입니다.

156. 미소

따스한 햇살이 대지에 생명을 주듯이
부드러운 미소와 친절한 행동이
지친 영혼에게 생기를 줍니다.

4장 마음 93

5장 성숙

성숙은 교실에서 이루어지는 것이 아닙니다.
그것은 다양한 삶의 경험을 통하여
좌절과 눈물의 대가를 지불하면서
이루어지는 것입니다.
성숙해질수록 우리의 의식은 변화되고
우리는 새롭고 풍성한 삶을 살 수 있습니다.

157. 눈물

이 세상에 많은 눈물이 있으나
대부분의 눈물은
자기의 슬픔과 염려와 억울함의 눈물일 뿐이며
주님을 위하여 흘리는 눈물은 많지 않습니다.

158. 성숙

젊은이들은 쉽게 사랑에 빠집니다.
많은 경우 그것은 단순한 욕망에 불과합니다.
마트에서 마음에 드는 옷을 발견했으나,
살 돈이 없어 애가 타는 것..
그런 경우와 비슷한 것입니다.
필요에 대한 욕구 자체가 사랑은 아닙니다.
진정한 사랑은 영혼에서 나오는 것이며
진정한 사랑을 누리기 위해서는
영혼의 성숙이 필요합니다.

159. 영혼의 깨어남

삼손의 육체의 눈이 뽑혔을 때
감겨있었던 영혼의 눈이
열리기 시작했습니다.
그의 몸이 감옥에 갇혔을 때
갇혀 있었던 영혼이 풀려나기 시작했습니다.
육신은 환경에서 고통을 겪어도
영혼은 이를 통하여 자라고 깨어나는 것입니다.

160. 젊음의 눈물

젊어서 눈물을 많이 흘린 사람은
지혜로운 사람이 됩니다.
젊어서 웃으며 고뇌 없이 자란 사람은
깊이 없는 사람이 됩니다.

161. 시간

어린 영혼은 이기적이며 진리를 알지 못합니다.
이들은 다른 이들을 고통스럽게 하지만
그 사실 자체를 알지 못합니다.
그러나 어린 영혼에게는 많은 충고가 소용이 없습니다.
그들은 아직 듣는 귀가 없기 때문입니다.
어린 영혼은 성장해야 하지만
성장에는 시간이 필요합니다.
인생의 시련과 사람의 채찍, 하나님체험..
그것을 반복하면서 어린 영혼은 자라게 되며
비로소 조금씩 진리를 알아가고
귀가 열려서 교훈을 받으며
다른 이들을 섬기며 돕는 도구가 될 수 있는 것입니다.

162. 광야

사람은 편안한 인생을 계획하지만
인생의 집행자는 하나님이십니다.
때가 되면 그분은
당신의 성숙을 위하여
당신을 광야로 몰아내십니다.

163. 열매

고통과 시련이 자동적으로 사람을 성숙시키는 것은 아
닙니다. 그것은 시련을 받아들이는 사람의 자세에 달려
있는 것입니다.
어떤 사람은 극심한 가난의 경험을 통하여 불우한 사람
에 대한 연민의 감정과 섬김을 배우기도 하며
어떤 사람은 동일한 가난의 경험을 통하여 극도로 인색
한 사람이 되기도 합니다.
고통이란 참으로 귀한 재료이지만 그 재료를 통한 열매
는 각자 사용하기에 따라 달라지는 것입니다.

164. 충격

큰 충격은 큰 변화를 일으킵니다.
어떤 사람이 극심한 고통을 겪었다면
그는 아주 거룩하고 아름다운 사람이 되든지,
아니면 아주 극악한 사람이 될 것입니다.
그 선택은 본인에게 달려 있습니다.

165. 성격차이

많은 부부가 성격차이로 이혼합니다.
그러나 그들은 성격차이 때문에 사랑하게 된 것입니다.
영혼이 성숙되면 서로의 다른 점으로 인하여 서로 보완
되고 성장하지만 영혼이 어릴 때는 서로의 다른 점 때문
에 싸우고 깨어집니다.

166. 악역

우리의 성장을 위해서는 악역이 필요합니다.
이스라엘 사람의 성숙을 위해서
하나님께서는 바로의 마음을 강팍케 하셨습니다.
많은 그리스도인 부인이 남편에게 핍박을 받습니다.
적지 않은 경우 그것은 남편이 부인의 영적 성장을 위해
서 악역을 맡는 것이며 진정한 의미에서 그는 희생자의
역할을 하고 있는 것입니다.
부인이 변화되고 하나님의 인도하심 아래서 순복할 때
남편은 악역의 역할을 벗게 될 것입니다.

5장 성숙 99

167. 훈련

많은 사람들이 자기가 얼마나 무능한지 모릅니다.
그래서 그는 환란을 겪습니다.
많은 사람들이 자신이 얼마나 속이 좁은지 모릅니다.
그래서 그는 그것을 배우기 위하여 비난을 당하는 경험
을 합니다.
이 땅에서 일어나는 모든 일들은 우리의 깨달음과 영적
성장을 위하여 주님께서 우리에게 허락하시는 것입니
다.
깨달을 때 우리는 비로소 자신의 부족과 연약함을 알고
범사에 엎드려 주의 은총을 구하며 오직 그 앞에서 잠잠
히 순복하며 경배하게 되는 것입니다.

168. 성숙

어린이들은 이빨이 썩는 줄도 모르고 설탕, 사탕, 과자
등의 단 것을 좋아합니다.
그러나 어른은 단 것을 별로 즐기지 않습니다.
영혼이 어릴수록 사람은 성공과 비전과 위대함과 드러
나는 것을 좋아하지만 조금 성장한 후에 영혼은
순종과 겸손과 자기 포기와 은밀함을 좋아하게 됩니다.

169. 변화

어린이들은 자기 생각만 합니다.
그러나 부모는 자식 걱정뿐입니다.
어린 영혼은 자기중심적이며
섬김을 받을 때 기뻐하지만
성숙한 영혼은 점점 더 자기를 초월하며
남을 섬기고 주를 기쁘게 하는 것으로
그의 기쁨과 만족을 삼게 되는 것입니다.

170. 성숙

시련이 있어도 낙심하지 마라,
에디슨을 보라, 링컨을 보라.
그들은 포기하지 않았고 결국 성공했다..
이런 유의 이야기들이 많이 있습니다.
그러나 진정 중요한 것은
노력해서 고난을 이기고 성취하는 것이 아니라
시련을 통하여 주님을 의지하며
그 인도하심 아래 낮아지며
주님의 사람이 되어가는 것입니다.

171. 절제

조금 더 먹고 싶을 때
절제할 수 있는 사람은
대부분의 유혹을 이길 수가 있습니다.
배가 부를 때까지 먹어야 하는 사람은
대부분의 유혹을 이길 수가 없습니다.
인간의 타락은 먹는 데서부터 시작했기 때문입니다.

172. 어린아이

사람들은 명예, 권세, 돈 등을 크게 생각합니다.
그리고 성숙, 아름다움, 겸손, 영원 등의 가치를
가볍게 생각합니다.
세상에 속한 외적인 것이 크게 보인다면
그는 아직 영적인 어린아이입니다.
영혼이 자라갈수록
그는 보이지 않는 것과 내면적인 것의 가치를
중시하게 될 것입니다.

173. 성장

어린 영혼은 남들이 칭찬할 때 기뻐하고
비난할 때 슬퍼합니다.
좀 더 자라면 남들이 비난할 때 기뻐하고
남들이 칭찬할 때 두려워합니다.
그는 자신이 주님의 영광을 취하게 될까봐
걱정합니다.
조금 더 성장하면 그는 남들의 칭찬이나 비난에
별로 반응을 보이지 않게 됩니다.
그는 사람의 칭찬도 비난도 헛된 것이며
오직 전능하신 분으로부터 오는 것만이
진정한 것이라는 사실을 깨닫게 됩니다.

174. 경험

아무도 경험하지 않은 것을 알 수는 없습니다.
자식을 키워보기 전까지
아무도 부모의 마음을 알 지 못합니다.

5장 성숙   103

175. 고통의 바다

고통의 바다에 빠져보지 않은 사람은
어려움을 당한 사람을 가르칠 수는 있어도
진정 그를 이해하거나
치유해 주는 것은 어렵습니다.
우리가 직접 고통의 바다를 경험할 때
그것은 우리의 이해와 깨달음과
사역의 영역을 확장시킵니다.

176. 숨겨짐

어릴 때에는 부드러운 말투, 미소만이
사랑이라고 생각하지만
어느 정도 자란 후에는 거친 말이나 꾸짖음, 분노,
그리고 사랑으로 보이지 않았던 것들에서도
사랑이 배어있음을 알게 됩니다.

177. 낮아짐

높은 산에 있던 샘물이
흐르고 흘러서 강물이 되고 바닷물이 됩니다.
모든 존재는 낮아질수록 넓은 곳으로 가는 것입니다.
바다에서 물은 증발하여 하늘로 올라갑니다.
가장 낮은 곳에 이르게 되면
다시 높은 곳으로 승천하는 것입니다.
이것이 요셉이 사랑 받는 아들에서 노예로,
노예에서 죄수로, 죄수에서 총리로
되어 가는 과정이었습니다.

178. 겸손

하나님의 능하신 손 아래서 겸손할 때
때가 되면 주께서 그를 높이십니다.
자기를 드러내며 자랑하기를 좋아하는 사람들은
하나님의 은총의 시간들을
자꾸만 늦추고 있는 것입니다.

5장 성숙　105

179. 하나님의 훈련

많은 사람들이 일상의 삶에서 훈련하시는 하나님의 의도를 모르기 때문에 동일한 시련들을 반복해서 겪습니다. 겸손 훈련, 침묵 훈련, 변명을 거절하는 훈련, 인내훈련, 욕심 버리기, 사람에 대한 소유욕을 포기하는 훈련을 반복하여 받습니다.
한 번의 시험에 합격할 수만 있다면 우리는 재시험을 보지 않게 될 것이며 인생의 많은 어려움들을 반복하지 않아도 될 것입니다.

180. 감사 훈련

입맛이 없을 때는 음식을 바꾸는 것 보다
입맛을 바꾸는 것이 낫습니다.
힘든 노동을 하거나 금식을 하면 입맛은 돌아옵니다.
평범한 음식도 꿀같이 맛있게 느껴집니다.
마찬가지로 감사하지 못하는 영혼은
여러 환란을 경험한 후에야
평범한 삶에서도 감격하며
감사할 수 있게 될 것입니다.

181. 독립

다른 사람의 칭찬이나 인정받는 것, 관심을 몹시 즐거워
하는 사람은 의존적이며 묶여있는 사람입니다.
그들은 비난을 받거나 타인의 관심이 사라지면 몹시 고
통을 받게 될 것입니다.
그것은 일종의 묶임입니다. 의존도 지배도 그의 영혼을
결박하는 것입니다.
의존과 지배에서 벗어나 독립해야 합니다. 사람을 벗어
나 오직 주님으로부터 채워질 때 비로소 사람은 진정한
자유와 만족을 누릴 수 있게 되는 것입니다.

182. 성장과 환경

어린아이 일수록 환경의 지배를 받습니다. 친하게 지내
던 친구도 집이 이사 가면 그만입니다. 그러나 성인이
되면 환경이 바뀌어도 교제가 계속됩니다.
영적인 어린아이 일수록 그를 둘러싼 주변의 환경으로
인하여 울고 웃습니다.
그러나 성장해 갈수록 환경의 지배를 덜 받으며
환경을 초월하여 다른 세계에서 오는 기쁨을
알고 누리게 되는 것입니다.

5장 성숙 107

183. 안식과 훈련

우리의 삶에는 안식과 훈련이 반복됩니다.
하나님은 그의 자녀를 따뜻하게 안아주고
위로하십니다. 평안과 안식을 주십니다.
또한 연단과 훈련이 있습니다.
그것은 우리를 성장시킵니다.
아기가 태어났을 때 처음에는 안식과 사랑이 있고
조금 자라면 훈련이 시작됩니다.
아이가 울어도 그는 배울 것을 배워야합니다.
천국 시민을 만드시기 위하여
그분의 훈련은 멈추지 않습니다.
잠시의 훈련 뒤에는 다시 안아줌과 안식이 있으며
삶에서 이 두 가지는 계속 반복됩니다.

184. 차이

어린아이는 사탕과 단 것을 좋아합니다.
그러나 성인은 단 것을 별로 좋아하지 않습니다.
영적인 어린아이도 기쁨, 형통만을 좋아하지만
영적으로 성장한 사람은 고난의 가치를 압니다.

185. 성장

사랑을 베풀기 위해, 관용을 베풀기 위하여
우리는 많은 고통, 눈물을 흘립니다.
수많은 고통을 통과한 후
우리는 쉽게 사람을 판단하거나 정죄하지 않습니다.
우리는 관용하는 것이 쉬워집니다.
고통은 우리를 변화시켜서
전에는 할 수 없던 것을 할 수 있게 만듭니다.

186. 훈련1

우리 일상에서 겪는 대부분의 어려움들은
우연히 일어나지 않으며 하나님의 훈련입니다.
오해받음, 버림받음, 넘어짐, 실패..
그 모든 것은 하나님의 훈련입니다.
배후에 계신 하나님의 손을 보지 못하고
눈앞의 사람과 환경만 보고 불평한다면
고통은 더욱 더 심해지며
우리의 시간과 하나님의 시간을
낭비하게 될 것입니다.

187. 훈련2

어떤 이는 물질적인 어려움을 견디지 못하고 어떤 이는 오해나 비난을 힘들어하며 어떤 이는 자기의 계획이 좌절되는 것을 참지 못합니다.

어떤 이는 기다리는 것에 약하며 어떤 이는 다른 이의 약점을 포용하는 것에 서투릅니다.

모든 사람들이 이와 같이 각자에게 약한 부분이 있으며 그러므로 각자에게 주어지는 훈련이 다 다르고

지고가야 할 십자가는 다 다른 것입니다.

우리 모두는 좀 더 훈련을 받고 아직 우리가 통과하지 못한 더 많은 과목을 이수해야 합니다.

그러한 훈련을 통하여 우리는 주님의 사람으로 온전해지며 주님이 사용하시는 사역의 통로가 되어가는 것입니다.

188. 칭찬

사람들의 칭찬이 마냥 즐겁다면
당신은 아직 본능적인 상태에 있으며
주님을 잘 모르고 있는 것입니다.

189. 수준

절대적인 죄도 있고 상대적인 죄도 있습니다.
남에게는 죄가 아니지만 내게는 죄일 수도 있습니다.
남에게는 죄이지만
내게는 죄가 아닐 수도 있습니다.
1년 전에는 괜찮았지만
지금은 죄일 수도 있습니다.
우리의 같은 행동에 대해서
주님이 전에는 내버려두셨지만
지금은 엄하게 다루실 수도 있습니다.
영적 수준과 상태에 따라서
우리를 향한 주님의 요구와 다루심이
달라질 수도 있는 것입니다.

190. 연단

불순종하던 많은 것들, 할 수 없던 많은 것들이
물고기 뱃속에 들어갔다 나온 후에는
할 수 있게 됩니다.
그것이 우리가 자주 풍랑을 만나고
물고기 뱃속으로 들어가는 이유입니다.

5장 성숙 111

191. 성장

할머니는 더 이상 고무줄을 타고 놀지 않습니다.
할아버지는 더 이상 딱지치기를 하지 않습니다.
당신이 좀 더 자라면 당신의 고민은 달라집니다.
꿈도 달라집니다.
더 이상 당신은 명예와 성공과 편안한 삶을
구하지 않습니다.
당신의 소망은
영원이며, 주님 자신이며, 순종입니다.

192. 기다림

어린아이는 잠시도 가만히 있지 못하고 뛰어다닙니다.
노인은 조용히 앉아있기를 즐겨합니다.
많이 뛰어다닌다고 성취가 많은 것은 아니며
조용히 주님을 기다리는 것만으로도
많은 것들을 성취할 수가 있습니다.

193. 변화

예전에 즐기던 것들이
이제는 더 이상 좋지 않습니다.
예전에 아팠던 일들이
이제는 더 이상 아프지 않습니다.
예전에 흥분했을 일인데,
이제는 가만히 웃습니다.
그것이 곧 변화이며 성장입니다.

194. 소원의 일치

주님의 소원과 나의 소원이 다른 것,
이것이 모든 고통과 재앙의 원인입니다.
많은 눈물과 환란을 경험하고
영혼이 눈을 뜨며
주님의 임재를 경험한 후에 그의 마음은 달라지며
비로소 그의 소원과 주님의 소원은
일치해가게 됩니다.
그리고 거기에서부터
진정한 천국은 시작되는 것입니다.

5장 성숙 113

195. 복의 조건

사람들은 복을 받는 것을 좋아하나
자신이 복을 누릴 수 있는 수준이 되는지에는
별로 관심을 기울이지 않습니다.
그러나 자기수준을 뛰어넘는 복,
자기가 감당할 수 없는 복은
결코 복이 아닙니다.

196. 자격

남에게 인정을 받거나
존경받기를 원하는 사람은
실상 별로 존경받을 자격이 없는 분들입니다.
참으로 존경받을 만한 이들은
존경받거나 인정받는 것을 결코 원하지 않습니다.
왜냐하면 그들은 자신이 얼마나 모자라고 부족한지
잘 알고 있기 때문입니다.

197. 성장

많은 이들이 주님의 뜻을 구한다고 말은 하지만,
대부분 자신의 마음과 생각으로 삽니다.
많은 실패를 경험한 후에야
사람을 비로소 함부로 움직이는 것을 두려워하며
주님의 뜻을 진정으로 구하게 되는 것입니다.

198. 생각

외로울 때 더 외로운 자를 생각하고
아플 때 더 아픈 자를 생각하고
가난할 때 더 가난한 자를,
불우할 때 더 불우한 자를 생각하면
우리는 자기 사랑, 자기 연민에서 벗어나
영계의 하늘을 날아오르게 됩니다.
가장 불우하고 가장 고독하고
가장 심장이 찢어지고 있는 분,
그분은 바로 주님이십니다.
잃어버린 영혼으로 인하여
어리석고 멸망해 가는 영혼으로 인하여
그분의 눈은 마를 날이 없습니다.

199. 섬김

남을 부리는 것을 좋아하며
섬김 받는 것을 좋아하는 사람들이 있습니다.
그들은 영적으로 어린아이입니다.
부림을 받는 이들은 성장할 수 있지만
부리는 사람은 성장하기 어렵습니다.
세상은 높은 곳에서 권세를 가지고
남을 부리는 것을 성공이라고 여기지만
그러나 그것을 성공이라고 여기는 이들은
천국의 기쁨이 무엇인지, 영혼의 만족이 무엇인지
도무지 알지 못하고 있는 것입니다.

200. 연단

많은 사람들이 주님께 헌신하고 기도하며
주님께 쓰이기를 원합니다.
주님께서는 그들을 바로 사용하시지 않고
사용할 수 있는 그릇이 되도록
사람으로, 환경으로 연단을 시작하십니다.

6장 사랑

누구나 사랑하기를 원하며
자신이 사랑한다고 생각하지만
온전한 사랑이란
쉬운 일이 아닙니다.
우리 영혼이 자라는 만큼
사랑의 차원도 달라질 것입니다.

201. 고백

아내에게 사랑한다고 말하십시오.
정성을 담고 진지하게
사랑한다고 말하십시오.
당신이 과거에 잘못을 했더라도
당신은 대부분의 잘못을
용서받을 수 있게 될 것입니다.

202. 그리움

보고 싶은 사람이 없다면
당신은 불행한 사람입니다.
당신을 보고 싶어 하는 사람이 없다면
당신은 더욱 더 불행한 사람입니다.
그리워하는 것을 시작하십시오.
다른 이들이 당신을 그리워하도록 만드십시오.
당신이 있어서 다른 이들이 행복해지며
당신이 없어서 다른 이들이 슬퍼지도록 만드십시오.
그것이 곧 사랑의 연습이며
행복한 삶의 시작인 것입니다.

203. 사랑의 눈

사랑의 눈으로 사람들을 보십시오.
따뜻한 시선으로 사람들을 보십시오.
미소를 지으며 사람들을 보십시오.
이야기를 들으며 미소를 짓고
웃으면서 고개를 끄덕이면서
그들의 말을 칭찬해주십시오.
당신은 점점 더 행복해지게 될 것입니다.
그리고 당신의 주변에도
점점 더 행복한 사람이 많아지게 될 것입니다.

204. 대화

사랑하는 사람과는 밤새워 이야기를 해도
아직도 못 다한 이야기가 있습니다.
사랑이란 밤을 새워도 다 할 수 없는
끝없는 대화이기도 합니다.

205. 침묵

아내와 아무런 말없이 함께 있어도
나는 그 시간이 행복합니다.
사랑은 서로의 침묵을 즐기는
것이기도 합니다.

206. 장례식

장례식에서 흘리는 많은 눈물들..
그것은 아쉬움과 슬픔과 후회의 눈물들입니다.
평소에 좀 더 울었더라면, 좀 더 사랑했었더라면
우리는 장례식 때 조금 덜 울 수 있을 것입니다.

207. 아내

세상에 아름다운 여인이 많이 있지만
내게 밥을 차려주는 이는 아내뿐입니다.
행복이란 가까운 사람에 대한
고마움을 느끼는 것에서부터
시작되는 것입니다.

208. 상사병

상사병은 사랑에 빠진 것이 아니고
집념에 빠진 것입니다.
암논은 다말을 연애하다가 병이 들었지만
그것은 사랑이 아니고 욕망일 뿐이었습니다.
집념은 사랑이 아닙니다.
열정이라고 다 사랑은 아닙니다.
열정은 다만 기질일 뿐입니다.
진정한 사랑에는 열정 그 이상의 것들이 있습니다.

209. 사랑

사랑은 상대에 대한 배려입니다.
섬김입니다.
자기를 버리고 상대를 세우는 것입니다.
그러므로 영적으로 어린 사람,
자기중심적인 사람은
진정한 사랑을 할 수 없습니다.

210. 어리석음

가까이 있는 사람을 함부로 대하며
먼 데 있는 사람을 높이 보는 것은
어리석고 허황된 것입니다.
그것은 자신의 위치와 사명을 망각하는 것이며
불행한 삶을 창조하고 있는 것입니다.

211. 필요

어떤 이는 사랑을 고백할 때
'I need you' 라고 합니다.
당신이 필요하다고,
나의 행복을 위해서, 나의 만족을 위해서,
나의 즐거움, 나의 성공을 위해서..
당신이 필요하다고 고백합니다.
그것은 거래이지 사랑이 아닙니다.
거기에는 헌신이 없으며
이기심이 있을 뿐입니다.

212. 리듬

사랑의 감정에도 리듬이 있습니다.
불같은 사랑의 느낌도 식을 때가 있습니다.
누구나 자기의 사랑과 감정이 영원하다고 믿지만
이 세상에 영원한 것은 없습니다.
뜨겁던 여름의 더위도 언젠가는 사라지며
혹독한 겨울의 추위도 시간의 흐름을 이기지 못합니다.
밀려왔다 밀려가는 파도와 같이
사랑도 감정도 흥분도
오르락 내리락을 반복하는 것입니다.

213. 인내

성경은 사랑에 대하여 묘사하기를
'사랑은 오래 참고..' 로 시작합니다.
사랑은 달콤하고, 사랑은 행복하며..
이렇게 시작하지 않습니다.
사랑은 인내이며 성숙의 열매입니다.
인내하는 사람일수록
사랑의 열매를 맺게 될 것입니다.

214. 사랑

단단한 조개껍질 안에 부드러운 살이 있듯이
겉으로 사납게 보여도
속에는 누구나 사랑이 있습니다.
사랑을 표현하지 못하는 사람은 많이 있지만
마음속에 사랑이 없는 사람은 없습니다.

215. 대가

사랑에는 대가가 있습니다.
사랑의 환희와 기쁨을 경험하는 만큼
고통의 쓴 뿌리도 경험하게 됩니다.

216. 사랑의 뒷면

연인들은 사랑 자체보다
사랑이 주는 달콤함, 낭만, 분위기를 사랑합니다.
그러나 사랑은 달콤함뿐이 아니라
눈물, 고통, 부담, 책임..
그러한 많은 것들을 포함하고 있는 것입니다.

7장 삶

믿음도, 사랑도, 은혜도, 아름다움도
모든 것은 삶에서 나타납니다.
그러므로 믿음이 풍성하면
삶도 풍성해집니다.

217. 용서

주님은 당신의 모든 허물을 다 용서하셨는데
왜 당신은 사랑하는 사람의 작은 허물도
용서하지 못합니까?

218. 사과

정말 미안해요. 내 잘못입니다..
그렇게 말할 수 있다면
우리는 많은 재앙들을 피할 수 있을 것입니다.

219. 표현

만나거든 보고 싶었다고 이야기하십시오.
헤어지면서 몹시 즐겁고 행복하다고 이야기하십시오.
머지않아 당신은
정말로 그를 좋아하게 될 것입니다.

220. 서두름

정말 급한 일이 아니라면
막 떠나려는 지하철을 달려가서 타지 마십시오.
진정 그렇게 서두를 이유가 있습니까?

221. 행복

한 여인이 말했습니다.
"지금 생각해 보니, 그 때가 행복이었는데,
그 때는 그걸 몰랐군요.."
지혜자가 물었습니다.
"지금은 행복하지 않습니까?"
그녀는 한숨으로 대답합니다.
"좋은 시절은 다 지나가 버렸지요.."
지혜자는 다시 말합니다.
"시간이 좀 더 흐르면
지금이 행복했었다고 다시 말하게 될 것입니다.
깨닫는 순간이 항상 행복입니다."

222. 강요

남이 싫다는 것을 강요하지 마십시오.
이게 다 너를 위한 거라고
강변하지 마십시오.
사람들은 점차로 당신을 싫어하게 됩니다.
지옥 가는 것 외에는 다 내버려두십시오.
모든 사람은 어차피
자기의 길로 갑니다.

223. 자연스러움

하나님이 당신에게 주시지 않은 사람을
억지로 얻으려고 하지 마십시오.
인연을 억지로 만들려고 하지 마십시오.
상대가 당신을 좋아하게 만들려고
억지로 노력하지 마십시오.
하나님께서 인도하시는 사랑은
아주 자연스럽고 편안하게 이루어집니다.
육신에서 나오는 소유욕의 애정은
결코 좋은 열매를 맺지 못합니다.

224. 자녀의 사명

어린 자녀는 어린 시절에는 부모의 삶을 삽니다.
그것은 그들의 사명입니다.
그들에게서 나타나는 잘못, 실수, 약점들은 부모의 처리
되지 않은 부분을 하나님께서 자녀들을 통하여 보여주
시는 것입니다.
자녀가 속을 뒤집어 놓는다고 화를 내는 부모들이 많지
만 사실 그들 때문에 자녀가 희생물이 되는 것입니다.
자녀에게서 나타나는 자신의 약점을 돌아보십시오.
그리고 반성하십시오. 기도하십시오.
문제는 부모에게 있으며 자녀들은 그림자에 불과합니
다. 그들에게 화를 내면 부모에게도 자녀에게도 악순환
이 계속될 뿐입니다.
깨달음만이, 반성만이 상황을 회복시킵니다. 부모가 자
기의 약점과 악에서 벗어날 때 자녀도 역시 그 악에서 벗
어나게 되며 본체가 사라진다면 그림자도 역시 사라지
게 되는 것입니다.

225. 인도

당신 가까이 있는 사람들은 하나님께서 당신에게 파송
하신 사람들입니다.
당신은 하나님께서 그들을 통하여 가르치시는 것이 무
엇인지를 깨달아야 할 필요가 있습니다.

226. 교육

자녀를 너무 편하게 기르지 마십시오.
당신과 그들이 평생 고생하게 됩니다.

227. 불행

부모로부터 사랑한다는 말을
듣지 못하고 자란 아이는 불행합니다.
부모로부터 징계를 받지 않고 자란 아이도
역시 불행한 아이입니다.
그 아이는 부모로부터 맞지 않은 대신에
사람들로부터, 환경으로부터
많은 매를 맞게 될 것입니다.

228. 좌우명

마태복음 6장 33절은
너희는 먼저 그의 나라와 그의 의를 구하라
그리하면 이 모든 것을 너희에게 더하시리라.
이렇게 말씀하시고 있습니다.
이 말씀은 인생 대부분의 고통에 대한
근본적인 해결책입니다.
이 말씀을 인생의 좌우명으로 삼고 사는 이들은
행복한 사람들입니다.

229. 집착

아무도 자신을 돈의 노예라고 생각하지 않습니다.
돈을 의지한다고 생각하지 않습니다.
돈에 집착한다고 생각하지 않습니다.
그저 돈이 조금만 더 있었으면 좋겠다고 생각합니다.
그것이 바로 집착입니다.

230. 교육

어린 딸이 학교에서 돌아오더니 엄마에게 누구와 싸웠
다고 이야기합니다. 엄마는 흥분합니다.
"아니, 뭐 그런 애가 다 있니? 앞으로 걔하고는 놀지 마!"
아, 그녀는 너무 빨리 판단과 미움을 가르치고 있는 것입
니다. 애들은 쉽게 싸우고 쉽게 잊는데 말입니다.

231. 아이 같은 엄마

아이가 엄마에게 이릅니다.
"엄마. 우리 반에서 어떤 애가 괴롭혀요. 날 자꾸 귀찮게
해요."
엄마는 학교에 가서 그 아이를 혼내 줍니다.
아, 그녀는 너무 빨리 엄마가 되었던 것 같습니다.

232. 아름다움

나는 아름답지 않은 여성을 본 적이 없습니다.
그러나 자신의 진정한 아름다움을 발견한 여성은
그리 많지 않은 것 같습니다.

233. 유행

유행이란 넓은 길이며
대다수의 사람들이 가는 길입니다.
그 길은 사람들을 타락과 멸망으로 이끄는
쉽고도 빠른 길입니다.

234. 심기

사랑과 친절을 심는 사람은
영원한 것을 심고 있는 것입니다.
주의 이름으로 소자에게 냉수 한 컵을 주는 사람은
영원히 상을 잃지 않습니다.

235. 한 마디

참고 참다가 아무래도 한 마디 해야겠다고 말합니다.
그리고 거기에서 많은 재앙이 시작됩니다.
주님이 인도하시는 '한 마디'에는
반드시 사랑과 평안과 기쁨이 있습니다.

236. 충고

진정으로 상대방을 사랑하지 않는다면
어떤 충고도 하지 마십시오.
당신의 충고는 아무리 옳더라도
상대방에게 도움이 되지 않습니다.
많은 충고가 하지 않은 것만 못하며
서로의 마음만 상하게 할 뿐입니다.
사랑의 마음에서 나온 권면만이
사람의 마음을 열며
그 영혼을 변화시키고 유익하게 하는 것입니다.

237. 잔소리

잔소리로 배우자나 자녀를
변화시키려는 사람이 많이 있습니다.
그러나 당신이 잔소리로 변화되지 않듯이
그들도 잔소리로 변화되지 않습니다.
잔소리는 사람을 파괴하는 데는 효과적이지만
사람을 변화시키는 데는 별로 효과적이지 못합니다.

238. 눈물

자식으로 인하여 눈물을 흘리는
부모들이 많이 있습니다.
그들이 단순히 고통과 눈물에 머물러 있지 않고
그 눈물을 주님께로 가지고 간다면
그들은 주님의 들으심을 얻게 될 것이며
자녀의 변화를 경험하게 될 것입니다.
그들의 영혼은 자식 자랑으로 가득 찬 영혼보다
훨씬 더 아름다워질 것이며
주님 앞에서의 눈물이
세상의 즐거움보다 행복한 것임을
깨닫게 될 것입니다.

239. 제자

주님은 멸시와 핍박과 십자가를 지셨습니다.
우리는 그를 주라고 부르면서
그의 제자라고 하면서
왜 그와 같은 일을 피하려는 것일까요?

240. 감사

어떤 사람이 차를 몰고 가다가 큰 사고를 만났습니다.
차는 완전히 부숴 졌으나 몸은 약간의 부상만을 입었습
니다. 그는 기적이라며 하나님께 크게 감사했습니다.
사고가 난 후에 감사하는 것은 좋은 일입니다.
그러나 더 좋은 것은 사고 나기 전에도 항상 감사하는 것
입니다.
살아난 것도 기적이지만 우리가 지금 이렇게 살아있는
것도 다 은혜이며 기적이기 때문입니다.

241. 증거

찬양 속에 많은 감동과 흥분과 눈물이 있습니다.
그러나 그것이 진정 영적인 것인지,
단순한 희열인지는
삶의 변화와 열매가 증거 해주는 것입니다.

242. 함께 하심

모두가 당신을 버렸고
당신이 진정 혼자라고 느낄 때
어둠 속에서 조용히
한쪽 손을 뻗어 보십시오.
주님이 거기에 계십니다.

243. 온전히 줌

사랑을 하면서, 섬기면서,
조금이라도 돌려받기를 원하는 마음이 있다면
그는 상처를 받게 됩니다.
아무런 기대 없이 온전히 줄 때
그는 진실로 행복하고 자유롭게 됩니다.

244. 결혼의 행복

남편이나 아내를 신혼 초에 잡아야 나중에 편하다는 말이 있습니다. 이것은 배우자를 전투의 대상이나 종으로 생각하는 것이며 섬기기보다 섬김을 받기 위하여 결혼하려는 것입니다.

이들은 혼자 사는 것이 나을 것입니다. 사랑하지도 않으며 섬기려는 자세도 없다면 그는 결혼하지 않는 것이 낫습니다. 그의 결혼은 지옥의 시작이며 재앙의 시작이기 때문입니다.

배우자를 종으로 여기는 이들은 행복할 수 없습니다. 그들은 상대를 사랑하는 것이 아니며 이용하려고 하는 것입니다.

자기의 행복을 추구하기 위하여 결혼하는 사람은 행복할 수 없습니다. 오직 자신을 주게 드리고 종이 되어 주님의 행복과 배우자의 행복을 구하는 사람만이 결혼 생활의 행복을 누릴 수 있습니다.

당신이 아직 준비되지 않았다면 기다리십시오. 종이 될 때까지, 자신을 버릴 수 있을 때까지 기다리십시오. 준비 없이 뛰어드는 것은 당신에게도, 상대에게도 재앙이 될 수 있기 때문입니다.

245. 따뜻함

나를 사랑할 자를 찾을 때
나를 위로해 줄 사람을 찾을 때
사람은 한없이 고독해집니다.
그는 아무도 자기를 좋아하지 않으며
자기는 혼자일 뿐이라고 느끼게 됩니다.
그러나 관심을 자기에게서 다른 사람에게 돌리고
자신이 사랑해 줄 사람, 위로해 줄 사람을 찾을 때
그의 가슴은 따뜻해지기 시작합니다.
인간은 원래 받을 때 보다
줄 때 행복해지는 존재이기 때문입니다.

246. 감사

아내가 바빠서 내가 설거지를 합니다.
아내가 집에 들어오더니 탄성을 올립니다.
"어머나! 감사해요.."
작은 친절에 대한 감사가
행복이 가득한 가정을 만듭니다.

247. 유머

몇 명의 형제, 자매가 차를 마시면서 이야기를 합니다.

한 뚱뚱한 형제가 말합니다.

"나는 건더기 없는 것 먹을 때는 감사기도 안 해."

그는 음식을 먹을 때 양을 중시하는 자기의 식습관을 희화시켜서 유머를 한 것입니다.

그런데 정통 보수 자매님이 정색을 하고 훈계합니다.

"형제님. 그러시면 안 됩니다. 건더기도 감사하시고, 국물도 감사하셔야지요. 모두 다 하나님께서 주신 것입니다."

다른 형제가 말합니다.

"나는 500원 이하는 감사기도 안 해."

다시 정통 보수 자매님이 말씀합니다.

"형제님. 안됩니다. 100원 짜리도 감사하셔야죠. 모두 다 주님께서 주신 것입니다."

모든 사람들이 유머를 이해하지 못한다면

세상은 참으로 지루한 곳이 될 것입니다.

140   영혼을 깨우는 지혜의 샘물

248. 훈련

자녀들의 소원을 모두 들어주면
그들은 온 세상이 자기들을 위하여
존재하는 것으로 알게 됩니다.
그리고 그것은 아주 심각한 질병입니다.
자녀들은 어릴 때부터 가정에서
섬기는 훈련을 받아야 합니다.

249. 감사 훈련

자녀를 편하게만 기르고
감사하는 것을 가르치지 않으면
그들은 이기적으로 자라며
부모가 10가지 중 9가지를 해 주어도
해주지 않은 1가지 때문에 불평하고 원망하게 됩니다.
자녀들에게 그 나이에 맞는 일을 시키고
감사를 가르쳐야 건강하게 성장할 수 있습니다.

250. 가치관

어떤 부모들은 자녀들이
성적이 떨어지는 것은 고민해도
자녀가 이기적이고, 고집이 세며,
예의가 없고 불순종하는 것은
별로 고민하지 않습니다.
이는 그들의 가치관이 잘못되어 있기 때문입니다.
그들은 평생을 두고 그 열매를 경험하게 될 것입니다.

251. 수준

부모의 영적 인격적 수준이 자녀에게 본이 되지 못하고
가르칠 것이 없다면 이는 피차간에 재앙입니다.
어떤 부모들은 자녀를 인도하고 가르치는 것이 아니라
자녀와 서로 미워하고 싸우는 수준의 상태에 있습니다.
부모도 자녀로 인하여 화가 나지만 자녀도 부모를 존경
하지 않고 판단하며 상처를 받을 것입니다.
자녀를 바르게 가르치기 위해서는
먼저 자신의 영혼이 성숙해야 합니다.

252. 수시로

아침에 아이들의 학교에 가는 시간에는 아내가 나의 거실 출입을 금지합니다. 내가 거실에 나와 있으면 아이들이 오다가다 한 번씩 들르기 때문입니다.

기껏 깨워 놓으면 아빠 옆에 달라붙어 또 자고, 화장실 가다가 아빠에게 또 안기고, 제 방으로 가다가 다시 붙어 있습니다.

아내는 껌을 떼듯이 아빠에게 붙은 아이들을 떼어놓으며 말합니다.

"학교 늦겠다, 이 놈들아!"

우리의 삶도 이와 같이 수시로 주님을 바라보고 안길 수 있다면 얼마나 좋을까요.

253. 확신

확신이 많고
자기 자신이 항상
옳다고 생각하는 사람은
결혼생활도, 사회생활도
행복하기 어렵습니다.

254. 동행

전에 우리 교회를 다녔던 한 형제로부터 전화가 옵니다.
"목사님, 죄송합니다. 좋은 일로 전화를 드려야 되는 데,
사실 문제가 있어서.."
나는 웃습니다.
"괜찮아요. 좋은 일로 목사를 찾는 사람은 거의 없어
요."
좋은 일이 있을 때 주님을 기억할 수 있다면 그것은 행복
입니다.
참된 사랑이란 기쁠 때나 슬플 때나 건강할 때나 아플 때
나 언제 어디서나 모든 것을 같이 하는 것입니다.

255. 갈등

고난을 별로 겪지 않고
항상 인정을 받아 왔으며
별로 푸대접을 경험해보지 않은 사람은
결혼 생활에서 오는 긴장과 갈등을
견뎌내기가 어렵습니다.

144 영혼을 깨우는 지혜의 샘물

256. 추구

끝없는 육신의 희락, 욕망의 결과는
불행, 허무, 자살입니다.
주님을 추구하는 자, 영혼의 성장을 추구하는 자는
겉으로는 성공자로 보이지 않을지라도
그에게는 아무 것도 부족한 것이 없습니다.

257. 허무함

어리석은 영혼은 육적인 탐욕에 빠져
계속 새것을 추구합니다.
새 애인, 새 물건, 새 욕망, 새 쾌락..
그러나 추구하면 추구할수록
얻으면 얻을수록
그는 더욱 더 비참해지고 허무해집니다.
전능하신 분을 추구하고 발견하기 전까지
그는 결코 만족할 수 없을 것입니다.

7장 삶   145

8장 영성

우리의 삶에서 가장 중요한 것은
영혼의 성숙과 발전입니다.
우리가 겪는 많은 시련도
이 영성의 발전을 위한 것입니다.
사랑하는 것도, 사역을 하는 것도
이 영적 성장의 기초 위에서만 가능합니다.

258. 사람의 본질

사람의 본질은 육체가 아니고 영혼입니다.
육체는 잠시 걸치는 옷에 불과합니다.
사람이 만나는 것은 육체의 만남에서 그치는 것이 아니
며 본질적으로 영혼과 영혼이 만나는 것입니다.
그러므로 사람의 만남에는 영혼의 교류가 있으며 상대
방 영혼의 속성을 느끼게 됩니다.
그 영혼의 속성과 성향이 비슷한 사람을 만나면 즐거움
을 느끼고 그 속성이 서로 다른 사람을 만나면 고통을 느
끼게 됩니다. 영혼의 그러한 속성으로 인하여 사람의 좋
아하고 싫어하는 것이 나타나게 되는 것입니다.

259. 친근감

처음 만났는데 쉽게 친근감을 느끼는 사람이 있습니다.
이는 서로의 영적 발전 상태가 비슷하며 영혼의 속성이
비슷하기 때문입니다. 그러므로 이들은 서로 끌어당기
게 되고 매력을 느끼게 되는 것입니다.

8장 영성   147

260. 영성의 차이

이 땅의 많은 비극은 속성이 다른 사람들, 빛의 사람들과 어두움의 사람들이 함께 섞여있는 것에 있습니다.

천국의 사람들은 빛에 속한 사람들이며 지옥의 사람들은 어둠에 속한 사람들입니다.

천국인과 지옥인은 같이 사는 것이 고통입니다.

그들의 영성과 속성은 서로 다르기 때문입니다.

빛으로 가면 어둠의 사람들이 싫어할 것입니다.

어두움으로 가면 빛의 사람들이 고통을 받게 됩니다.

그러므로 빛과 어두움은 서로 떨어져 있어야 합니다.

같이 있는 것은 서로 고통인 것입니다.

성경은 믿지 않는 자와 멍에를 메지 말며 빛과 어둠이 사귀지 말라고 말합니다. (고후6:14)

이 말씀에 불순종하므로 세상에 많은 고통과 갈등이 있는 것입니다.

261. 영혼의 발전

영적 발전단계가 비슷한 수준의 사람을 만나는 것은 행복입니다.
그들은 서로를 이해하며 서로의 마음을 압니다.
입만 벌려도 그들은 무슨 말인지 알며
눈만 봐도 그들은 서로 압니다.
그래서 그들은 자꾸 서로 만나고 싶은 것입니다.

262. 동질

무례한 사람을 보고 화가 나는 것은 자기 속의 비슷한 부분이 서로 반응하는 것입니다.
교만한 사람은 교만한 사람을 보고 화를 냅니다.
강아지가 지나가는 강아지를 보고 짖듯이 우리 속의 나쁜 성분은 다른 사람들의 나쁜 성분을 보고 같이 흥분하여 올라옵니다.
훈련과 고난을 통하여 속이 정화될수록 사람들의 속에서 나타나는 악을 볼 때에 흥분하거나 분노하지 않으며 그를 불쌍히 여기게 되는 것입니다.

263. 성장

복음을 증거해야 합니다.
사람을 도와야 합니다.
그것은 아주 중요한 일입니다.
그러나 어린아이는 아이를 낳을 수 없습니다.
먼저 성장해야 합니다.
그래야 비로소
자녀를 낳고, 기를 수 있는 것입니다.

264. 미래

사람들은 날마다 거울을 통하여 몸을 보지만
중요한 것은 마음을 보는 것입니다.
몸은 그림자에 불과하며
중요한 것은 마음의 상태입니다.
마음이 어두우면 그는 어두운 미래를 경험할 것입니다.
마음이 맑고 밝으며 주님을 갈망한다면 그는 복된 미래
를 경험할 것입니다.
마음을 읽으며 영혼을 정화하십시오.
거기에 아름다운 미래가 달려있는 것입니다.

265. 영혼의 성장

영혼의 성장을 추구하지 않는 사람은
동물보다 별로 나을 것이 없습니다.
좋은 집, 좋은 차, 맛있는 음식, 멋진 옷,
남에게 으스대고 자랑하기 위한 삶..
그것은 육적인 삶이고 본능적인 삶이며
동물보다 나을 것이 없는 인생입니다.
어린 영혼은 본능을 따라 살며
허무한 욕망을 추구하지만
주님께서는 우리의 욕망이 좌절되게 하십니다.
눈을 뜰수록 사람은 영혼의 성장을 구하며
주님을 갈망하고 주님이 원하시는 것을 구하며
보이지 않는 영원한 것들을 사모하게 되는 것입니다.

266. 의식의 수준

의식의 수준이 낮을수록 불안과 염려와 분노가 있습니다. 의식의 수준이 높을수록 사랑과 기쁨과 평안이 있습니다.
주님을 알아갈수록 의식의 수준은 높아지게 되며 사고의 수준, 가치관의 수준이 높아지게 됩니다.

8장 영성   151

267. 선택

재미있는 TV프로, 컴퓨터 게임, 인터넷..
세상에는 재미있는 것들이 많이 있습니다.
그러나 대가를 지불하지 않는 즐거움은 없습니다.
그러한 즐거움들은 영혼을 고통스럽게 하며
영혼의 감각을 무디게 합니다.
영혼의 성장과 풍성함을 원한다면
우리는 세상의 즐거움을 내려놓아야 합니다.
우리는 주님께 속한 즐거움들을,
의로우며 생명에 속한 즐거움들을
사모하고 구해야합니다.

268. 영혼의 상승

하나님과 분리될수록
생각은 낮은 차원으로 떨어집니다.
그리하여 두려움과 본능으로 살게 됩니다.
찬양과 경배로 하나님과 가까이 갈 때
생각과 영혼은 높은 곳으로 오르며
아름답게 정화되고 고양됩니다.

269. 변화

낮은 수준의 영혼일수록 저차원의 쾌락을 즐깁니다.
영혼이 조금 자라면
더 이상 장난감을 좋아하지 않습니다.

270. 파동

항상 부부싸움을 하는 집은
나쁜 파동이 그곳에 머물러 있어
아이들이 질병이나 사고에 노출되기 쉽습니다.

271. 무지

교만과 자기 자랑은
수많은 재앙을 일으킵니다.
지옥이 싫다면 그것을 버려야 합니다.
아무도 높은 마음으로
천국에 이를 수 없습니다.

272. 하나님의 음성

하나님의 음성을 구하고 그분께 인도 받기를 원한다면
충동적으로 행동하지 마십시오.
충동적으로 말하고 충동적으로 결정하고
충동적으로 움직이지 마십시오.
그러한 것들은 거의 다 육신에게서 나온 것이며
시간이 지나면 대부분 후회하게 됩니다.
하나님의 음성은 고요하고 잔잔하며 평안합니다.
흥분되고 충동적인 생각이 밀려들어올 때
조용히 주님께 무릎을 꿇으십시오.
하나님의 음성은 아무리 급박한 상황 속에서라도
마음속에 평안을 주십니다.

273. 교통

당신이 누군가를 싫어하고 있다면
그 사람도 당신을
좋게 생각하지는 않을 것입니다.
영적인 세계, 마음의 세계는
항상 서로 통하는 것입니다.

274. 진정한 행복

현대에 이를수록 인류의 영적 상태는 점점 더 낮아지고 있습니다. 인류는 기술적, 물질적으로는 계속 발전해가지만 영적으로는 계속 떨어지고 있습니다.

사람들은 점점 영성을 잃어버리며 육적인 욕망에 사로잡혀갑니다. 부끄러움을 잃어버리고 점점 더 본능과 쾌락에 사로잡힙니다.

세상은 사람들에게 죄책감을 버리라고 가르칩니다. 억압을 버리고 본능적으로 살라고 가르칩니다.

그러나 인간은 본질적으로 하나님의 형상을 따라 만들어진 존재입니다. 그러므로 영성을 무시하고 본능에 매달려서는 결코 만족을 얻지 못합니다.

인간은 하나님을 예배하고 그분 앞에 경배할 때에만 진정 행복할 수 있는 존재입니다.

275. 긴장

사람들은 자신을 드러내기 위해서
튀기 위해서 애를 많이 씁니다.
그러나 그것은 영혼을 긴장시키며
영혼을 아프게 하고 괴롭히는 것입니다.

8장 영성 155

276. 거짓 영성

뉴에이지는 거짓된 영성입니다.
그들은 인간이 신이라고 가르칩니다.
그러나 인간은 신이 아닙니다.
인간은 하나님을 찬양하고
경배하도록 지어진 존재입니다.

277. 내면세계

마음이 고요하지 않은 사람은
내면세계를 알 수 없습니다.
고요와 침묵은 내면세계,
영의 세계를 여는 문입니다.

278. 안식

도처에 소음이 많고 시끄럽습니다.
도처에 움직이는 화려한 영상이
눈을 유혹하며 피곤하게 합니다.
바깥의 문을 닫고 귀와 눈이 안식하게 하는 것..
이것이 영적 감각을 일으키는 중요한 원리입니다.

279. 기도

마음이 바쁘고 분주한 사람은
하나님의 음성을 들을 수 없습니다.
생각이 외부를 향하고 있는 사람도
주님과 교통할 수 없습니다.
TV를 끄고, 전화기의 코드를 뽑는 것이
기도의 시작이며, 영계가 열리는 시작입니다.

280. 속사람

우리의 눈, 우리의 겉사람이 TV를 즐기고 있을 때
우리의 속사람, 영혼은 녹초가 됩니다.
속사람은 너무나 허약해져서
고통과 근심으로 가득하게 됩니다.
그 약해진 영혼은 하나님께로 날아오르지 못합니다.
영혼을 돌보지 않으면서 행복하기를 기대하는 사람은
너무나 어리석은 사람입니다.
인간은 영적인 존재이기 때문에
영혼의 풍성함이 없이는 결코
행복해질 수 없기 때문입니다.

281. 혼돈

항상 말을 많이 하는 사람은
영혼이 깨어나기가 어렵습니다.
그는 많이 말하지만
자신이 어떤 사람인지,
자신이 무슨 말을 하고 있는지도 모릅니다.

282. 행복

행복은 소유에 의해서 결정되지 않습니다.
외적인 지위에 의해서 결정되지도 않으며
사람들의 평판에 의해서 이루어지지도 않습니다.
평탄한 삶에서 오는 것도 아닙니다.
그것은 하나님과의 관계에서 오는 것입니다.
그 영혼이 하나님을 사랑하며
하나님과 친밀하게 교제하는 사람은
언제 어디서나 무엇을 하거나
항상 행복하고 또 행복합니다.

283. 고통

고통과 불행이란 영혼의 수준과 상태이며
환경에서 오는 것이 아닙니다.

284. 영원

이 세상으로 만족하고 행복한 사람은
영원한 곳에서 얻을 것이 없습니다.
사도 바울은 만약 부활이 없다면
이 세상에서 자신이 가장 불쌍한 자라고 말했습니다.

285. 불행

가난해서 불행한 사람은
부자가 되어도 행복하지 않습니다.
행복이란 영혼의 충만한 상태이며
불행한 사람은 영혼이 어두운 것입니다.
그러므로 그러한 이들은
언제 어디서 무엇을 해도 항상 불행합니다.

286. 기쁨

바깥의 기쁨을 찾는 이들이 많이 있습니다.
그러나 진정한 기쁨은 우리 안에 있습니다.

287. 본질

몸은 영혼의 그림자입니다.
환경은 마음의 그림자입니다.
본체가 움직이면 그림자는 따라옵니다.
그러므로 본질을 무시하고
그림자를 따라 다니는 것은 어리석은 일입니다.
마음과 영성이 바뀌면 환경도 바뀝니다.

288. 속사람

겉사람이 바쁠 때
속사람은 잠잠합니다.
겉사람이 조용해지면
속사람은 활동을 시작합니다.

289. 분위기

사람마다 분위기가 있습니다.
영혼이 성장하고 바뀌면 분위기도 같이 달라집니다.
영혼이 아름다워지면
그 사람을 감싸고 있는 분위기도 아름다워집니다.

290. 영혼의 피로

육체의 쾌락은 영혼을 지치게 합니다.
죄의 쾌락이 증가될수록 영혼은 약해집니다.
의외로 가난한 나라에서 국민의 행복도가 높으며
소득이 높은 나라에서 자살률이 증가하는 것도
이와 같은 이유 때문입니다.

291. 운명

우리가 보고 듣는 것은 우리 안으로 들어와서
우리의 마음과 운명을 형성합니다.
악하고 더러운 생각을 받아들이는 것은 자신의 생명과
영원을 그렇게 만들어가고 있는 것입니다.

292. 분별

영혼이 자랄수록 사람의 마음을 쉽게 보고 느낍니다.
어린 영혼은 외모와 조건을 볼 수 있을 뿐입니다.

293. 영혼의 소리

주님은 우리에게 날마다 말씀하십니다.
영혼의 소리도 우리에게 항상 이야기합니다.
그러나 거기에 귀를 기울이는 사람은 많지 않습니다.

294. 중독

많은 중독자들이 있습니다.
알콜 중독, 도박 중독, 음란 중독..
그들은 악한 영들에게 묶여 있는 것입니다.
주님을 왕으로 모시기 전까지
그들은 자유를 얻지 못할 것입니다.

295. 이완과 긴장

사랑, 평안 같은 모든 성령의 열매들은
부드럽게 이완된, 안식의 상태에서 나옵니다.
분노, 미움 등의 육체의 열매는
모두 긴장된 상태에서 나옵니다.
우리가 주님께 가서
우리의 모든 짐을 그분께 벗어 놓을 때
그분은 우리에게 참된 안식을 주십니다.

296. 혼동

농담이든, 진담이든 거짓말은 영혼을 혼동시킵니다.
마음의 중심에 있는 것과 다른 말을 할 때
영혼은 고통을 겪게 됩니다.
그러므로 항상 바른 말을 해야 합니다.
바른 말을 할 수 없는 상황이라면
차라리 침묵을 지키십시오.
그것이 당신의 영혼을 안전하게 할 것입니다.

297. 영혼의 4계절

영혼에도 4계절이 있습니다.
희망의 계절, 열정의 계절, 추수의 계절,
그리고 겨울이 옵니다.
겨울은 고독과 광야와
버림받음과 침묵의 계절입니다.
우리는 좌절과 고통을 경험하며
능력의 한계를 느끼고 회의를 느낍니다.
주님께서 우리를 버리셨다고 생각합니다.
그러나 잠시 후에 봄이 옵니다.
다시 희망이 옵니다.
우리는 새 힘을 얻게 됩니다.
그렇게 우리는 영혼의 나이를
한 살 더 먹게 되는 것입니다.

298. 교류

침묵은 영혼의 교류입니다.
같이 침묵을 즐길 수 있다면
그들은 영적으로 깊은
일체감을 가지고 있는 것입니다.

299. 영혼 발달의 마지막 단계

영적 성장에도 과정과 단계가 있습니다.

처음에 능력과 역사를 추구하고 경험하는 단계가 있습니다.

이때는 그리스도인의 권세, 능력, 자유, 비전에 대한 것을 좋아합니다. 능력으로 마귀를 제압하고 부수는 경험을 하게 됩니다.

이때는 자신감으로 가득하며 다른 그리스도인들이 참으로 답답하고 무기력하게 보입니다.

다음에 진리를 추구하고 경험하는 단계가 있습니다.

주님께서는 때가 되자 비로소 십자가를 가르치십니다.

능력과 권세를 경험하고 이해했던 제자들도 주님의 이 가르침을 한때 이해하지 못했습니다. 이 시기는 죽음과 포기를 통하여 진리와 깨달음을 얻어 가는 단계입니다.

마지막의 단계는 은혜, 사랑을 추구하는 단계입니다.

사랑은 영혼의 완성입니다. 여기서 영혼은 실제적으로 주님을 경험하며 주님께 속한 사람이 됩니다.

우리는 성령의 인도하심과 가르치심을 따라 이렇게 권능을 얻고 진리를 깨달으며 온전한 사랑과 연합을 향하여 날마다 나아가야 하는 것입니다.

300. 상처

남의 말에 쉽게 상처를 받는 이들이 많습니다.
이는 그들의 영혼이 너무 얇아서
외부의 영적인 힘이 쉽게 침투하기 때문입니다.
이들은 영혼을 강건하게 하는 기도훈련을 해야
세상에서 자기를 지킬 수 있습니다.

301. 충전

부모로부터
아이야, 너는 참으로 아름답구나..
엄마는.. 아빠는 너를 너무나 사랑한단다..
이런 얘기를 듣지 못하고 자란 영혼이 많습니다.
이러한 영혼은 항상 굶주리고 메마르고 어둡습니다.
이들은 주님으로부터 충전되어야 합니다.
주님의 사랑과 주님의 위로와
주님의 은총으로 채워지게 될 때
비로소 이들은 자유롭고 행복하게 될 것입니다.

302. 굶주림

배부른 사람에게는
산해진미도 소용이 없습니다.
진리를 얻기 전에, 주님을 얻기 전에,
가장 중요한 것은
진리에 대하여, 그 분께 대하여
굶주리는 것입니다.

303. 눈물의 색깔

눈물에도 색깔이 있습니다.
분노와 억울함의 눈물은 영혼을 죽입니다.
회개의 눈물은 영혼을 정화시킵니다.
주님께 대한 사모함과 그리움의 눈물은
주님의 영광과 그의 거룩한 임재를
바로 가까이에 초청하는 것입니다.

304. 진정한 예배

예배순서에 기도가 있고 찬송이 있고
설교가 있고 헌금이 있어도
주님께 자신을 온전히 드리는 헌신이 없다면
그것은 진정한 예배가 아닙니다. (롬12:1)
진정한 헌신이 있고 진정한 예배가 있을 때
거기에는 놀라운 주님의 임재하심이 있습니다.

305. 사명

현실적인 여러 가지 제약 때문에
자기 영혼이 진정으로 하고 싶은 일을 하지 못한다면
그는 결코 행복할 수 없습니다.
현실을 바라보지 말고 기도함으로
내면의 소원과 감동을 따라갈 때
주님께서는 우리의 길을 열어주십니다.

306. 감동

주님의 감동과 음성은
머리에서, 이성에서 오는 것이 아니고
마음에서, 심장으로부터 오는 것입니다.
이성의 논리가 처음에는 옳아 보이지만
시간이 지나면
내적인 감동이 맞는다는 것을 알게 될 것입니다.

307. 인생의 목적

삶의 첫 번째 목적은 성공이나 출세가 아니고
우리 영혼의 성숙이어야 합니다.
그것이 가장 중요한 일입니다.
영혼이 성숙되어야 주님과 교통하며
주님의 도구가 될 수 있습니다.
이 영적 성숙을 위해서
우리는 그 어떤 대가도 고통도
감수해야 할 것입니다.

308. 부드러운 음성

날카로운 음성은 영혼을 긴장시키며
부드러운 음성은 영혼을 편안하게 합니다.
높은 음성은 영혼을 흥분시키며
낮은 음성은 영혼을 안정시킵니다.
무거운 음성은 영혼을 억압하며
가벼운 음성은 영혼을 부드럽게 합니다.
영혼을 위로하고 자유롭게 하며
치유의 도구로 쓰이기 원한다면
우리는 부드럽고, 낮고, 가벼운 음성을
훈련해야 합니다.

309. 짐

진정 수고하고 무거운 짐은
가난의 짐, 질병의 짐, 근심의 짐이 아니라
죄의 짐입니다.
죄를 회개하고 용서받을 때
우리 영혼은 비로소 가볍고 행복해지게 됩니다.

310. 분주함

마르다는 많은 일로 근심하고 염려하며
마음이 분주했습니다.
많은 일을 하면서도 마음의 평안을 유지할 수 있다면
그것은 좋은 것입니다.
그러나 적은 일을 하면서도 마음이 분주하다면
그 일은 그가 감당할 수 있는 분량을 넘은 것입니다.
그럴 때 그는 일을 멈추고
주님 앞에 나와 교제하며 안식하여야 합니다.

311. 자기 연민

어떤 이들은 자기의 몸을 지나치게 사랑하여
몸이 조금만 아파도 난리를 칩니다.
그렇게 자신의 고통에 민감한 이들은
주님의 고통에 예민할 수 없으며
다른 이들의 고통에도 둔할 수밖에 없습니다.
자기를 버리고 자기 연민에서 벗어나는 것이
진정한 자유이며 건강입니다.

312. 유혹

유혹은 먼 곳에 있지 않습니다.
유혹은 가까운데 있으며
우리의 주변에 널려 있습니다.
영적인 삶을 방해하는 유혹은
날마다 우리의 주변에 있습니다.
TV에 눈을 빼앗기지 마십시오.
함부로 클릭을 하지 마십시오.
사소하다고 여기는 것들이
당신의 영혼에 치명적인 충격을
줄 수 있기 때문입니다.

313. 영혼의 기쁨

탐식하고 과식하여 탈이 나는 사람들이 많습니다.
사람들은 육체의 즐거움을 많이 누리려 애쓰지만
우리의 몸은 과도한 쾌락에 적응하지 못합니다.
몸의 즐거움을 적당히 절제하고
영혼이 누리는 깊은 주님의 은총 가운데 들어가는 것..
그것이 진정한 삶의 행복인 것입니다.

314. 평안

풍랑이 이는 갈릴리 바닷가에서
주님의 제자들은 공포로 떨었지만
주님은 조용히 주무셨으며
그들의 믿음 없음을 꾸짖으셨습니다.
쉴 새 없이 흔들리는 세상의 파도와
풍랑 속에서도
고요와 안정을 유지하는 삶..
이것이 곧 주님께 속한
영성인의 삶인 것입니다.

315. 평화의 근원

보이는 환경을 주목하는 이들은
마음의 평화를 유지할 수가 없습니다.
평화는 결코 환경에서 오지 않으며
오직 주님에게서만 옵니다.
언제 어디서나 무엇을 하든지
그 마음의 의식이 주를 향하고 있는 영혼만이
주님이 주시는 흔들리지 않는 평화를
누릴 수 있는 것입니다.

316. 감추인 보화

주님은 밭에 감추인 보화이십니다.
많은 이들이 주님을 찾으며 기도하지만
문제의 해결과 겉사람의 유익을 위하여
기도하는 것이 대부분이며
주님 자신을 알기 원하고
갈망하는 자들은 많지 않습니다.
많은 사람들이 주님의 주변에 있지만
주님과 친밀한 교제를 나누는 이들은 많지 않습니다.

317. 가까이 임하심

우리가 주님을 갈망하고 추구하는 만큼
주님은 우리에게 가까이 오십니다.
적당히 기도하고 적당히 사모하며
적당히 조금 헌신하는 자에게
주님이 충만하게 임하리라고 믿는 것은 오해입니다.
간절한 눈물과 간절한 사모함과
죽음보다 더한 갈망이 있을 때
주님은 우리에게 가까이 임하십니다.

318. 기도의 자세

주님의 임재가 멀 때
우리는 편안한 자세로 기도합니다.
그분이 좀 더 가까이 오시면
우리는 무릎을 꿇습니다.
그분의 임재가 좀 더 선명해지면
우리는 땅에 엎드러집니다.
그분이 더 강렬하게 오시게 되면
우리의 육은 마비되며 영은
일시적으로 육체를 떠나게 됩니다.
우리의 육체는 그분의 영광을
감당할 수가 없습니다.

319. 천국의 교제

주를 향하여 갈망하는 영혼은 보화와 같으며
사모하는 영혼을 만나는 것은 천국과 같은 것입니다.
이 완악하고 죄 많은 세상에서
주의 은혜를 서로 나누며 교제하는 것은
곧 이 땅에 임하는 천국의 은총입니다.

320. 고독

오래 동안 같이 있었고 물리적으로 혈연적으로 가까운 사이라고 해도 마음이 멀리 있는 관계들이 참 많습니다. 그들은 서로 대화할수록 답답하며 서로 고독하게 느낍니다. 그들은 서로 다른 세상에 살고 있는 듯이 느껴집니다.

그리고 그것은 사실입니다. 그들은 물질적인 세상에서는 가까운 곳에 있으나 영적으로는 실로 멀리 떨어져 있는 것입니다.

영적인 발달 수준이 비슷한 사람들은 서로 깊은 일체감을 느끼며 처음 만났을 때에도 이미 오래 전부터 알았던 사이인 것 같이 느끼게 됩니다.

그들은 많은 이야기를 나누지 않아도 서로에 대해서 공감하며 상대의 마음을 느끼게 됩니다.

영적으로 어릴 때에는 육신과 관련된 혈연, 지연, 학연 등에 매이지만 그러나 영혼이 깨어나고 성장해 갈수록 영적으로 비슷한 사람과 만나고 교제하며 나누기를 원하게 됩니다.

같은 관심사, 같은 갈망, 같은 사모함을 가진 이들을 찾게 되는 것입니다.

사람은 영적인 존재이므로 육적 연결과 교제로는 마음

176   영혼을 깨우는 지혜의 샘물

속의 깊은 고독이 치유될 수 없습니다.

그러한 관계는 영혼을 나누고 마음의 내면을 나누며 교제할 수 없기 때문입니다.

주님을 아는 이들은 주님을 나누고 싶어 합니다. 주님을 경험한 이들은 주님을 나누고 싶어 합니다. 그것은 육적인 교제와 나눔으로 채워질 수 없는 것입니다.

그러나 우리는 그렇다고 해서 혈연을 포기할 수 없습니다. 이 땅에 사는 동안 우리는 우리의 육체에 주어진 의무를 다해야 합니다.

그러나 우리의 영이 깨어날수록 우리는 육적 교제가 줄어들게 되며 영적 교제의 비중이 커지게 될 것입니다.

이로 인하여 혈연, 지연의 관계를 통하여 배척을 받거나 핍박을 받기도 할 것입니다.

우리는 덕을 세워야 하고 사랑해야 하며 할 수 있는 한 사람들의 요구를 들어주어야 합니다.

그러나 덕을 위하여 애를 써도 영적 교제와 육적 연결의 갈등은 쉽지 않을 것입니다.

그것은 우리가 이 땅에서 영원한 세계로 나아가는, 육신을 벗고 새 옷을 입는 과정에서 이루어지는 대가의 지불 중의 하나인 것입니다.

321. 절제

가능하면 먹는 즐거움을 적게 누리고
할 수 있으면 말하는 기쁨을 적게 누리며
사람들에게 인정받는 즐거움도
사랑하는 사람에게서 받는 위안도 절제할 수 있다면
우리는 대다수의 사람들이 알지 못하는
기쁨을 알게 될 것입니다.
절제의 행복, 고독의 즐거움,
오해와 비난받음의 기쁨, 침묵의 행복..
거기서 우리는 감추어진 행복을 발견하며
주님의 고독을 발견합니다.
영혼의 행복을 발견하며
주님의 마음을 경험하게 됩니다.
진정 그분의 행복은 세상이 알고 추구하는 것과
너무도 다른 행복이며
육신을 비우고 자신을 비울 때 얻을 수 있는 것입니다.
영원의 복을 발견한 이들은 절제를 배우며
그리하여 자신의 얻은 복락을
놓치지 않으려고 하는 것입니다.

322. 영원을 사모함

이 땅에는 아무 것도 완전하지 않습니다.
이 땅의 세계, 물질계는 항상 변화하고 움직입니다.
달은 차면 기울기 시작하고
해는 떴다가 집니다.
계절은 봄에서 시작하여 여름, 가을, 겨울로 회전하고
인생은 기쁨과 고통을 반복합니다.
울 때가 있고, 웃을 때가 있으며
사랑할 때가 있고, 미워할 때가 있습니다.
사랑이 정점에 오르면 그 사랑은 식기 시작하며
고통의 극한점에서 다시 태양은 떠오르기 시작합니다.
기쁨과 행복에 젖는 그 순간에 재앙의 씨는 잉태되며
이 땅에서는 영원토록 산과 골짜기를 반복합니다.
그러므로 어리석은 영혼은
현실의 부침으로 기뻐하고 슬퍼하나
영혼이 자랄수록 그러한 성공과 실패는 부질없으며
이 땅에 소망이 없음을 알게 됩니다.
그러므로 주님께서는 우리에게
영원을 사모하는 마음을 주셨습니다.
영원에서 주어지는 행복, 이 땅이 빼앗아 갈 수 없는 영
원한 만족을 사모하게 하신 것입니다.

8장 영성 179

영혼이 자라서 이 세계의 만족과 기쁨을 발견한 자는
다시는 허무한 기쁨을 얻기를 원치 않으며
썩어질 만족을 구하고자 하지 않습니다.
대다수의 사람들이 땅의 일로 걱정하나
그는 다시 땅의 일로 매이기를 원치 않습니다.
인생은 영원을 사모하고
주님이 맡기신 사명을 감당하기 위하여 이 땅에 존재하
는 것,
이 사명과 목표를 잊지 않는 이들은
주님과 동행하며 오늘도 그분께 순종하면서
아름다운 나그네의 여정을 걸어가는 것입니다.

도서구입신청

도서 구입을 원하시는 분들을 위한 안내입니다.

1. 도서 목록 확인

페이지를 넘기시면 정원 목사님의 도서 전권이 안내되어있습니다.
도서 목록을 참조하셔서 필요로 하시는 책을 선택하십시오.
각 도서의 자세한 목차와 내용을 원하시면 정원목사 독자 모임 카페의 [저자및
저서소개] 코너를 참조하십시오. (http://cafe.daum.net/garden500)

2. 책신청

구입하실 도서를 결정하신 후에, 영성의 숲 출판사로 전화를 주세요.
(02-355-7526 / 010-9176-7526, 통화시간: 월~금 오전 9시~저녁 7시)
신청 도서 목록을 알려주시면 입금하실 금액을 안내해 드립니다.
신청하실 때는 책을 받으실 주소와 전화번호를 함께 알려주세요.
책신청은 전화 외에도 영성의 숲 홈페이지의 [책신청] 코너,
출판사 이메일(spiritforest@hanmail.net)을 사용하실 수 있습니다.

3. 송금

안내 받으신 도서 대금을 아래 계좌로 입금해 주세요.
(국민은행: 461901-01-019724, 우체국: 013649-02-049367, 예금주: 이혜경)
신청자 성함과 입금자 성함이 일치하지 않는 경우에는 입금자 성함을
꼭 알려주셔야 확인이 가능합니다.

4. 배송

입금 확인 후에 바로 발송 작업을 하는데, 발송후 도착까지 보통 2-3일 정
도가 소요 됩니다. 책을 급하게 필요로 하실 경우에는 일반 서점을 이용해
주세요. 해외 배송을 원하시는 분은 총판을 담당하고 있는 생명의 말씀사로
문의해주시기 바랍니다.

◀생명의 말씀사 080-022-1211 www.lifebook.co.kr)

<기도 시리즈>

1. 하늘의 권능이 임하는 부르짖는 기도 1
영성의 숲. 373쪽. 12,000원 / 핸디북 10,000원
부르짖는 기도는 모든 기도의 형태 중에서 가장 기본적
이고 중요한 기도입니다. 이 기도를 바르게 배우고 적용
한다면 하늘의 권능이 임하는 것을 경험하게 되며 모든
면에서 강건한 그리스도인이 될수 있을 것입니다.

2. 하늘의 권능이 임하는 부르짖는 기도 2
영성의 숲. 444쪽. 14,000원 / 핸디북 11,000원
부르짖는 기도 1권은 발성의 의미, 능력과 부르짖는 기
도의 전체적인 원리를 다루 었으며 2권은 부르짖는 기
도의 실제로서 구체적인 기도의 방법과 적용원리를 다
루고 있습니다. 3부에 수록된 다양한 승리의 간증은 독
자님들에게 좋은 도전이 될 것입니다.

3. 대적기도의 원리와 능력
영성의 숲. 400쪽. 14,000원 / 핸디북 10,000원
대적기도 시리즈 1편. 대적기도는 주님께 간구하는 기
도가 아니며 우리에게 주어진 권세와 능력을 발견하고
사용하여 능력과 승리를 경험하는 기도입니다. 이 기도
를 알게 될 때 당신의 삶은 진정 달라지게 될 것입니다.
휴대를 위한 작은 사이즈의 핸디북도 있습니다.

4. 대적기도의 적용 원리
영성의 숲. 424쪽. 14,000원 / 핸디북11,000원
대적기도 시리즈 2편. 대적기도에도 원리와 법칙이 있
습니다. 그 원리와 법칙을 잘 익혀서 실제의 삶에 적용
한다면 우리는 풍성한 삶을 살 수 있습니다. 이 책에서
는 그 원리들을 구체적으로 제시해 주고 있습니다.
휴대를 위한 작은 사이즈의 핸디북도 있습니다.

5. 대적기도를 통한 승리의 삶
영성의 숲. 452쪽. 14,000원 / 핸디북 11,000원
대적기도 시리즈 3편. 대적기도를 인간관계, 가정에서
의 삶, 복음 전도와 사역에 구체적으로 적용하는 방법
을 제시하였습니다. 여기서 제시된 원리를 잘 읽고 적
용한다면 삶과 사역에 있어서 많은 변화와 승리를 경험
할 수 있게 될 것입니다.
휴대를 위한 작은 사이즈의 핸디북도 있습니다.

6. 대적기도의 근본적인 승리 비결
영성의 숲. 454쪽. 14,000원 / 핸디북 12,000원
대적기도 시리즈 4편. 완결편. 1부에서는 악한 영들을
근본적으로 완전하게 제압하고 승리할 수 있는 원리와
비결을 제시하고 있습니다. 2부에서는 대적기도를 적용
하고 경험한 성도들의 사례가 실려 있는데 이것은 각 사
람의 적용과 승리에 좋은 참고가 될 수 있을 것입니다.
휴대를 위한 작은 사이즈의 핸디북도 있습니다.

7.아름답고 행복한 기도의 세계
영성의 숲. 276쪽. 9,000원
〈기도업데이트〉의 개정판. 자연스럽고 편안하게 기도
의 아름다움과 행복에 잠길 수 있도록 돕는 책입니다.
기다리는 기도, 듣는 기도, 안식하는 기도 등 다양하고
풍성한 기도의 원리들을 일상의 예화들을 통하여 쉽게
정리하였습니다.

8.주님의 마음에 이르는 기도
영성의 숲. 309쪽. 10,000원
기도의 원리와 방법에 대한 200개의 조언을 담았습니
다. 주님의 마음을 향하여 가는 것. 그것이 기도의 방향
이며 목적임을 보여주는 책입니다.

9.주님의 임재를 경험하는 길
영성의 숲. 308쪽. 10,000원
〈주님을 경험하는 100가지 방법〉의 개정판. 주님의 살
아계심과 임재를 경험하기 위한 100가지의 실제적인
방법을 제시하고 있습니다. 사모하는 마음으로 이 방법
들을 시도한다면 누구나 쉽게 그분의 역사를 경험하게
될 것입니다.

10. 예수 호흡기도
영성의 숲. 460쪽. 14,000원 / 핸디북 11,000원
호흡을 통한 기도가 주님의 임재와 영적 실제에 들어가
는 중요한 비밀이며 열쇠임을 보여주는 책입니다. 이
책에 제시된 원리와 방법을 충실히 시도해 본다면 누구
나 놀라운 변화를 경험하게 될 것입니다.

11. 방언기도의 은혜와 능력 1
영성의 숲. 459쪽. 16,000원 / 핸디북12,000원
방언기도 시리즈 1편. 방언에 대한 성경적이고 균형잡
힌 설명 뿐 아니라, 저자의 개인적인 경험과 간증, 방언
을 받는 과정과 통역을 시도하는 과정에 대한 구체적인
설명, 여러 경험자들의 실례가 풍성하게 실려있어, 방
언의 은혜에 대해 이해하고 적용하는 데에 실제적인 도
움을 주는 책입니다.

12. 방언기도의 은혜와 능력 2
영성의 숲 . 403쪽. 13,000원 / 핸디북 11,000원
방언기도 2편에서는 방언과 통역이 발전해 나가는 과
정과 그 영적인 의미를 깊이있게 다루었습니다. 방언의
가치와 의미를 바르게 이해하고 적용하게 될 때, 오래
동안 방언을 사용하면서도 주님의 은총를 누리지 못하
던 이들이 주님의 가까우심과 아름다우심을 풍성히 경
험하게 될 것입니다.

13. 방언기도의 은혜와 능력 3
영성의 숲 489쪽. 15,000원 / 핸디북12,000원
방언 기도 시리즈의 결론적인 부분을 다룬 책입니다.
방언에 대한 부정적인 견해와 원인들, 방언을 통해 어
떻게 부흥이 시작되는지, 은사의 바른 방향과 의미, 목
적 등을 정리하였고, 전체적인 요약정리와 함께 경험자
들의 구체적인 사례들을 첨부하여 실제적인 적용에 도
움이 되도록 하였습니다.

<영성 시리즈>

1. 영성의 실제를 경험하는 길
영성의 숲. 357쪽. 11,000원
〈그리스도인의 아름다운 영성〉의 개정판.
많은 은혜의 도구들이 있지만 그것들이 다 주님을 접촉
하는 것은 아닙니다. 참다운 영성과 주님을 경험하는 원
리를 제시하는 책입니다.

2. 생각의 자유를 경험하는 길
영성의 숲. 228쪽. 8,000원
〈그리스도인의 생각 다스리기〉의 개정판. 우리가 겪는 삶
의 대부분의 고통들은 스스로 만들어낸 생각의 감옥에 지
나지 않으며 생각을 분별하고 관리함으로써 풍성하고 행
복한 삶을 살 수 있다는 메시지를 다양한 예화와 함께 설
득력 있게 제시하고 있습니다. 많은 교회에서 훈련 교재
로 사용되기도 했습니다.

3. 영성의 중심은 사랑입니다
영성의 숲. 243쪽. 8,000원
하나님의 은혜를 받아들이고 누림으로써 진정한 사랑과 따뜻함의 세계를 경험할 수 있도록 돕는 책. 신앙의 따뜻함과 아름다움을 회복하고, 영혼들을 이해하고 도울 수 있는 관점을 제시하고 있습니다.

4. 영성의 원리
영성의 숲. 319쪽. 10,000원
영성에도 원리가 있습니다. 이 책은 영성의 발전을 위한 다양한 원리들, 영의 흐름, 영의 인식, 영적 승리를 위한 중보 등의 원리를 실제적인 예와 함께 잘 설명해 줍니다. 영적 부흥과 충만함을 사모하는 이들에게 좋은 참고서가 될 수 있을 것입니다.

5. 문제는 주님의 음성입니다
영성의 숲. 227쪽. 9,000원
우리의 삶에 다가오는 여러가지 어려움들, 문제들은 우연이 아닙니다. 거기에는 주님의 배려와 가르치심이 있으며 반드시 우리가 배워야 할 것이 있습니다. 이 책은 그 문제들에서 주님의 뜻과 음성을 발견하는 원리를 가르쳐 주고 있습니다.

6. 영성의 발전은 어떻게 이루어지는가
영성의 숲. 254쪽. 8,000원
〈영성의 상담〉의 증보 개정판. 영성에 대한 여러 질문과 답변을 통해 다양한 영적현상의 의미와 삶 속에서 영적 성장을 이루는 구체적인 방법들을 소개하고 있습니다.

7. 지금 이 공간에 임하시는 주님
영성의 숲. 340쪽. 11,000원
주님은 믿을수 없을만큼 가까이 계시지만 사람들은 흔히 그분을 무시함으로 그의 임재를 소멸시킵니다. 이책은 그분의 가까우심과 구체적인 공간을 통한 임재, 나타나심을 경험할수 있도록 실제적인 지침을 제시하고 있습니다.

8. 심령이 약한 자의 승리하는 삶
영성의 숲. 228쪽. 9,000원
영혼의 힘이 약하고 마음이 여리고 민감하여 고통을 겪고 있는 이들을 위한 책. 영혼의 원리 및 기질과 사명을 이해함으로써 이전에 알지 못했던 자유와 해방과 놀라운 행복감을 누리게 될 것입니다.

9. 천국의 중심원리
영성의 숲. 452쪽. 14,000원
천국은 사후에만 갈 수 있는 장소가 아닙니다. 이 땅에 살면서 천국의 임재, 그 천국의 빛과 영광을 경험할 수 있습니다. 이 책에서는 내면세계의 천국을 경험하기 위한 길과 원리를 제시해 주고 있습니다.

10. 행복한 신앙을 위한 28가지 조언
영성의 숲. 348쪽. 12,000원
〈자유롭고 행복한 그리스도인 1〉의 개정판. 묶여 있고 창백한 의식의 틀을 벗어나, 자유롭고 풍성한 믿음의 삶으로 나아가도록 돕는 책입니다. 28가지 조언속에 행복한 신앙을 위한 영적 원리들을 담고 있습니다.

11. 성숙한 신앙을 위한 30가지 조언
영성의 숲. 340쪽. 12,000원
〈자유롭고 행복한 그리스도인2〉의 개정판. 의식이 바뀔 때 천국의 자유와 기쁨을 누릴 수 있음을 보여주는 책입니다. 묶여있는 사고와 습관, 잘못된 의식에서 해방되는 원리를 제시해 주고 있습니다.

12. 의식의 깨어남을 사모하라
영성의 숲. 239쪽. 9,000원
잠과 꿈과 깨어남의 실체를 보여주며 진정한 깨어있음의 세계로 인도하는 책입니다.
의식과 영혼을 깨우기 위한 방법과 원리들을 제시해 주고 있습니다.

13. 주님의 마음, 주님의 임재 속으로
영성의 숲. 348쪽. 11,000원
오늘날 주님의 마음에 대한 많은 오해가 있어서 주님의 깊으신 임재에 들어가지 못합니다. 이 책은 그 오해를 풀어주며 우리를 향한 주님의 사랑을 보여주고 그 사랑의 임재 속에 들어가는 길을 안내해주고 있습니다.

14. 영성의 발전을 갈망하라
영성의 숲. 292쪽. 10,000원
영성의 진리 시리즈 1편. 영성을 깨우고 발전시킬 수 있는 다양한 이야기, 원리, 법칙들을 묶은 36가지의 메시지가 수록되어 있습니다. 영혼의 각성에 도움이 되는 지식과 도전을 얻게될 것입니다.

15. 집회에서 흐르는 주님의 은혜
영성의 숲. 254쪽. 8,000원
이미 출간되었던 [집회 가운데 임하시는 주님]을 새롭게 개정하였습니다. 회원들의 간증을 줄이고 더 많은 분량을 추가하였습니다. 집회 가운데 나타나는 주님의 생생한 역사와 이에 관련된 여러 영적 원리를 기술하였습니다. 읽을수록 집회 현장에 있는 듯한 감동과 은혜를 얻을 수 있을 것입니다. 은혜를 사모하는 이들, 영성 사역에 관심이 있는 사역자들에게 좋은 참고가 될 것입니다.

16. 삶을 변화시키는 생명의 원리
영성의 숲. 348쪽. 값 11,000원
삶 속에서 열매를 맺을 수 있는 비결과 원리를 시편 1편의 말씀과 요한복음 15장의 말씀을 중심으로 제시하고 있습니다. 포도나무이신 주님과 가지로서 항상 연결되는 삶이 열매를 맺는 원리이며 은총의 비결인 것을 명쾌한 논지로 설명하고 있습니다. 신앙의 기초와 방향을 분명히 밝히는 책으로서 풍성한 삶과 승리하는 삶을 갈망하는 그리스도인들에게 귀한 도전이 될 것입니다.

17. 낮아짐의 은혜1
영성의 숲. 308쪽. 값 10,000원
쉽게 하나님의 임재를 경험하며 그 은혜 가운데 머무르
는 사람이 있습니다. 그 은혜의 비밀은 무엇일까요? 그
것은 바로 낮아짐이며 이를 통하여 주의 무한한 은혜와
천국의 풍성함을 누릴 수 있음을 본서는 증명합니다.
사람을 파괴하는 높아짐의 시작과 타락, 은혜의 회복,
열매의 풍성함 등을 다루고 있으며 누구나 그 은혜의
세계에 쉽게 이르도록 길을 제시하고 있습니다.

18. 낮아짐의 은혜 2
영성의 숲. 388쪽. 값 14,000원
낮아짐은 감추어진 비밀이며 천국의 문을 여는 보화입
니다. 마귀는 낮아짐을 빼앗을 때 그 영혼을 사로잡을
수 있으므로 온갖 유혹으로 이 보화를 가로챕니다. 하
나님은 천국의 풍성함을 주시기 위하여 낮아짐을 훈련
하시며 인도하십니다. 2권은 적용을 주로 다루며 구체
적으로 풍성한 은총을 누릴 수 있도록 권면하고 있습니
다.

19. 그리스도를 갈망하는 삶
영성의 숲. 268쪽. 값 9,000원
부흥과 영적 깨어남, 영성의 다양한 원리에 대한 이야
기. 삶 속의 이야기와 함께 자연스럽게 풀어서 정리하
였습니다. 일상의 사소한 삶에서 영적 원리를 발견하고
적용하도록 도우며 그리스도에 대한 갈망이 증가되도
록 도전하고 있습니다.

20. 영이 깨어날수록 천국을 누린다
영성의 숲. 236쪽. 값 8,000원
독자들과 일대일로 마주 앉아서 대화를 하듯이 영적 성
장과 풍성한 삶을 누리는 원리에 대해서 메시지를 전달
하고 있습니다. 사랑하는 삶, 영성의 깨어남에 대한 새
로운 통찰력을 제공해주며 기쁨으로 주님을 따르는 길
을 제시해줍니다.

<생활 영성 시리즈>

1. 주님과 차 한잔을
영성의 숲. 220쪽. 6,000원
신앙의 귀한 진리들, 주님을 사모하고 가까이 나아가는
데 도움이 되는 원리들을 유머를 통해 밝고 즐겁게 전달
해주는 책입니다.
주님과 같이 차를 한잔 마시는 기분으로 부담없이 읽다
보면 자연스럽게 영적 통찰을 얻을 수 있을 것입니다.

2. 일상의 삶에서 주님을 의식하기
영성의 숲. 280쪽. 8,000원
일상의 사소한 삶 속에서 주님을 의식하며 살아가는 이
야기. 신앙과 영성은 기도할 때만이 아니라 일상의 모든
삶 속에서 나타나야 한다. 작고 사소한 모든 일에서 주
님을 의식하는 것이 진정한 행복의 원리인 것을 이 책은
보여주고 있습니다.

3. 일상에서 경험하는 주님의 사랑
영성의 숲. 277쪽. 8,000원
일상의 묵상 시리즈 2편. 사소한 일상의 삶에서 주님의
임재와 사랑을 느끼고 주님의 메시지를 경험하는 이야
기. 항상 모든 것에서 주님의 마음과 시선으로 삶과 사람
을 보고 느껴야 하며 이를 통해서 날마다 천국을 경험할
수 있음을 사소한 삶의 이야기를 통하여 부드럽게 전달
해주고 있습니다.

4. 삶이 가르치는 지혜
영성의 숲. 212쪽. 6,000원
〈삶이 가르치는 지혜〉의 개정판. 우리의 삶에서 경험하
는 많은 즐거운 일, 힘든 일들이 결국 우리 영혼의 성장
을 위하여 주어진 일임을 보여줍니다. 가슴을 따뜻하게
하는 소박한 이야기들을 통해서 사랑의 중요성을 다시
한번 깨닫게 합니다.

5. 사랑의 나라로 가는 여행
영성의 숲. 156쪽. 5,000원
〈사랑의 나라〉의 개정판. 어른들을 위한 우화로서 한 청년이 여행을 통하여 삶의 목적과 방향을 깨달아 가는 과정이 흥미진진하게 전개되고 있습니다. 즐겁게 이야기를 읽어나가다보면 영적 성장의 방향과 중심, 영적 세계의 에너지와 원리, 흐름을 이해하는데 도움이 될 것입니다.

6. 하나님의 뜻을 발견해 가는 여행
영성의 숲. 269쪽. 신국판 변형 8,000원
성경에 등장하는 입다, 다윗, 암논의 삶과 사건들을 통하여 하나님의 아버지 마음과 하나님의 의도와 훈련을 이해하고 발견하도록 안내하는 책입니다. 등장인물들의 마음과 정서가 드라마처럼 녹아있어 흥미와 감동을 전달해 줍니다.

7. 일상에서 경험하는 주님의 은혜
영성의 숲. 253쪽. 값 8,000원
일상시리즈 3편입니다.
가족 이야기, 모임 이야기, 일상에서 경험하는 여러 가지 일들을 통해서 영적 원리와 교훈을 정리하였습니다.
일기와 이야기 형식으로 기록되어 있어서 즐겁게 읽는 가운데 주님과 같이 걷는 삶의 흐름 속으로 들어갈 수 있게 될 것입니다.

<묵상 시리즈>

1. 맑고 깊은 영성의 세계를 향하여
영성의 숲. 140쪽. 5,000원.
잠언시리즈 1편. 내 영혼의 잠언1을 판형을 바꾸어 새
롭게 만들었습니다. 순결하고 맑은 영혼으로 성장하기
위한 진리의 묵상들이 간결하게 정리되어 있습니다.

2, 주님은 생수의 근원 입니다
영성의 숲. 196쪽. 6,000원
〈내 영혼의 잠언2〉의 개정판. 맑고 투명한 영성의 세계
로 안내하는 영성 잠언집. 새벽녘의 신선하고 향긋한
바람처럼 우리 영혼을 달콤하게 채워주는 묵상의 글들
을 모아서 정리했습니다.

3. 묻지 않는 자에게 해답을 던지지 말라
영성의 숲. 156쪽. 5,000원
삶과 사랑과 영혼의 진리를 담은 잠언 시집.
인생의 의미와 진리, 영성의 발전과정을 예리하면서도
부드러운 시각으로 표현하고 있습니다. 불신자에 대한
전도용으로도 좋은 책입니다.

4.영혼을 깨우는 지혜의 샘물
영성의 숲. 180쪽. 6,000원
〈영적 성숙으로 향하는 여행〉의 개정판
인생, 진리, 마음, 영성 등 중요한 8가지의 주제에 대한
짧은 묵상을 담았습니다. 맑은 샘물이 흐르듯이 간결한
지혜의 메시지가 영성을 일깨워주는 책입니다.

영혼을 깨우는 지혜의 샘물

1판 1쇄 발행	2001년 11월 14일 (영성네트워크)
1판 2쇄 발행	2002년 7월 20일 (영성네트워크)
2판 1쇄 발행	2005년 9월 15일 (영성의숲)
3판 1쇄 발행	2009년 1월 20일 (영성의숲)
3판 4쇄 발행	2014년 12월 10일 (영성의숲)
지은이	정원
펴낸이	이 혜경
펴낸곳	영성의 숲
등록번호	2001. 7. 19 제 8-341 호
전화	02 - 355 - 7526 (영성의숲)
핸드폰	010 - 9176 - 7526 (영성의숲)
E - mail	spiritforest@hanmail.net (영성의숲)
홈페이지	cafe.daum.net/garden500 (정원목사 독자 모임)
	cafe.naver.com/garden500 (정원목사 독자 모임)
국민은행	461901 - 01 - 019724
우체국	013649 - 02 - 049367
예금주	이 혜경
총판	생명의 말씀사
전화	02 - 3159 - 8211
팩스	080 - 022 - 8585,6

값 6,000원

ISBN 978 - 89 - 90200 - 57 - 0 03230